Guillaume Paoli (Hg.)
Mehr Zuckerbrot, weniger Peitsche

Guillaume Paoli, geboren 1959, französischer Staatsbürger korsischer Abstammung und internationalistischer Gesinnung, unternimmt seit zwanzig Jahren eine Feldstudie zum vergleichenden Schmarotzertum innerhalb der EU. Wohnt seit 1992 in Berlin. Mitbegründer der Glücklichen Arbeitslosen und Mitherausgeber ihrer Zeitschrift *müßiggangster*. Zuletzt erschienen: »Laßt euch nicht gehen« in »Kapitalismus und Depression III«, Berlin 2001.

Edition
TIAMAT
Deutsche Erstveröffentlichung
Herausgeber:
Klaus Bittermann
1. Auflage: Berlin, 2002
© Verlag Klaus Bittermann
Grimmstr. 26 — 10967 Berlin
Druck und Bindung: Fuldaer Verlagsanstalt
Buchumschlag unter Verwendung eines Fotos von
Renate Koßmann
ISBN: 3-89320-062-2

Guillaume Paoli

Mehr Zuckerbrot, weniger Peitsche

Aufrufe, Manifeste und Faulheitspapiere der Glücklichen Arbeitslosen

**Critica
Diabolis
110**

**Edition
TIAMAT**

INHALT

Helden des Alltags

Jenseits von Geld und Börse

Aussteigen für Einsteiger
Eine Einführung

Es gibt zwei Lesarten, die folgenden Texte nicht zu verstehen. Man kann – das Buch scheint sich ja mit Arbeitslosigkeit zu befassen – seine soziologische Brille oder sein ökonomisches Monokel aufsetzen, um mit gerunzelter Stirn nach statistisch belegten Analysen und wissenschaftlich erarbeiteten Alternativmodellen zu suchen. Schnell wird sich dann erweisen, daß hier ein solch betonierter Ernst völlig fehlt. Der enttäuschte Leser wird folgern, daß das Ganze bloß aus belanglosen Possen und anarchischen Infantilismen besteht, um sich sogleich wieder Oskar Negt oder Pierre Bourdieu zuzuwenden. Man kann aber auch dieses Buch als weiteres Erzeugnis der sogenannten Spaßkultur ansehen. In der allgegenwärtigen Kabarettisierung der Politik, wird danach gestrebt, den Elenden, Verwundeten und Sterbenden dieser Erde eine Clownsnase aufzusetzen, um sie entzückend und fernsehtauglich zu machen. Der Spaßkulturist, der nur fortdauernd aktualisierte Versionen von viel Lärm um nichts konsumiert, wird hier enttäuscht. Ein paar Scherze mag er zwar entdecken, aber auch zuviel intellektuellen Kram, der keinen Spaß macht, wie er wahrscheinlich sagen wird.

Im übrigen widersprechen sich diese beiden Lesarten nicht, im Gegenteil, sie ergänzen sich. Ernst und Spaß stehen sich gegenüber wie Arbeit und Freizeit. Das eine ist die Bedingung des anderen. Wer mit der Trennungslinie spielt, vermag eine gewisse Verwirrung zu verursachen. Nach einem Vortrag kam ein Jungunternehmer zu mir. Er hätte herzlich gelacht, meinte er, und schätze die Ironie solcher Thesen sehr, dann aber: »Die Gefahr ist, daß manche Leute sie mißverstehen können.« »Wie meinen Sie das?« »Naja. Sie könnten sich einbilden, diese Ideen seien ernst gemeint.« Als ich erwiderte, daß sie verdammt ernst gemeint sind, lief er davon.

Damit soll gesagt werden, daß es im folgenden hauptsächlich um die Suche nach der geeigneten Haltung geht, um den Scheingegensatz zwischen Glück und Arbeitslosigkeit zu versöhnen. Man kann nicht den Wert und den Vorrang der Arbeit in Frage stellen, ohne deren Sprache und Kategorien zu verlassen.

Wir ham unser Sach' auf fast nichts gestellt, nämlich die eigene Empfindung. Eines nachts Mitte der neunziger Jahre – es mag in einem Club oder auf einer Fete gewesen sein – rief Holger Castritius vor einigen Freunden aus: »Eigentlich haben wir es gut. Wir sind die glücklichen Arbeitslosen!« Das Wort war gefallen und sollte uns nicht mehr loslassen. Dabei sind Ort und Zeitpunkt nicht gleichgültig. 1995 ließ es sich in Berlin relativ einfach und gut ohne Arbeit leben. Mieten waren bezahlbar, Hausbesetzungen noch toleriert. Verwaltungen und Firmenhauptsitze aus Westdeutschland waren noch nicht eingetroffen, Brachen und leere Räume ließen sich ephemer zu allen Zwecken umfunktionieren.

Das dominante Stadtbild war noch nicht von gestreßten Leistungsträgern und Arbeitstieren der new economy, sondern von herumhängenden Ewigstudenten und gelassenen Gelegenheitsjobbern geprägt. Das alte Subventionsmanna der westlichen Frontstadt war noch nicht ausgetrocknet, während dem Reserveheer im Osten mit Extrageldern ein Sonderweg zum Kapitalismus gebahnt wurde. Von Subkultur zu alternativen Lebensformen, von den ersten Internet-Communities zu Lebensmittelkooperativen, die Stadt bot ausreichend Gelegenheit, ein spannendes, arbeitsfreies Dasein zu führen, dazu noch in einer Stimmung provinzieller Gelassenheit.

8

Wir lebten in einem Umfeld, wo mehr Zeit als Geld zur Verfügung stand, wobei Geld auch nicht ganz abwesend war – dieses Verhältnis ist in der Regel die Voraussetzung für ein behagliches soziales Leben. Da die wenigen festen Stellen, die es gab, von Menschen begehrt wurden, die partout arbeiten wollten, betrachteten wir es als unsere altruistische Pflicht, sie ihnen zu überlassen und selbst auf die Mangelware Arbeit zu verzichten. Die finanzielle Stütze nahmen wir bedenkenlos als willkommene Subventionierung unseres gemeinnützigen Daseins an. Das war eine Selbstverständlichkeit für viele, doch sprach es keiner aus. Die Entscheidung, sich öffentlich darüber zu äußern, war der Einsatz für ein neues Spiel.

Ab und zu trafen wir uns, Holger, Mila Zoufall, Søren Jansen, ich und gelegentliche Komplizen, in der Absicht, irgend etwas aus der Idee zu machen, wobei die Vorstellungen eher vage waren. Was tun? Was nicht tun? Mal wurde die Errichtung eines Kiosks erwogen, wo unvermarktbare Produkte von Glücklichen Arbeitslosen angeboten würden, mal ein Schneckenwettrennen auf dem Alex, oder auch die feierliche Einweihung eines Denkmals des Glücklichen Arbeitslosen. So vergingen einige Monate.

Schließlich fand die Gründungsveranstaltung am 14. August 1996 im Berliner Prater statt, in der Baracke, die damals unter dem Schild »SKLAVENmarkt« als Treffpunkt des lokalen Querulantentums diente. Dort wurden die Tauglichkeitstests verteilt (siehe S. 74), unser Sekt »Chômeur Brut« feierlich getrunken, Faulenzerlieder gesungen und nebenbei der Text »Auf der Suche nach unklaren Ressourcen« vorgetragen, der später als »Manifest der Glücklichen Arbeitslosen« berühmt werden sollte. Dabei ging es uns bloß darum, ein Statement abzugeben. »Der Glückliche Arbeitslose«, der in dem Text auftaucht, war eher als literarische Figur à la Candide gemeint, denn als reales Subjekt. Natürlich war das Publikum, das aus Gleichgesinnten bestand, begeistert von der Idee, dann ging es nach Hause, und das Leben setzte seinen dilettantischen Gang fort.

In den folgenden Jahren sollte uns einiges vorgeworfen werden, doch die häufigste und heftigste Kritik berührte gerade diesen subjektiven Ausgangspunkt. »Ihr denkt nur an das eigene Vergnügen, statt etwas für die Allgemeinheit zu leisten!« riefen die Konservativen. Und die linke Variante davon: »Ihr sucht nur eine Privatnische, statt den Kapitalismus zu bekämpfen!« Arbeitsverweigerung mag ja noch toleriert werden, solange sie sich bedeckt hält (denn bekanntlich bemühen sich selbst die virulentesten Arbeitspropheten zum Eigenbedarf um die bequemste Nische). Unannehmbar hingegen ist eine erklärte Abkehr von den großen, ernsten Werten. Seltsamerweise wird denjenigen Zynismus vorgeworfen, die versuchen, ihren Diskurs mit der eigenen Erfahrung in Einklang zu bringen. Dabei bedienten wir uns einfach der Sprache der Werbung. »Sorge dich nicht, lebe«, »Nimm dein Vergnügen ernst«, »Sei individualistisch« und sonstige »Carpe diem«-Weisungen, das sind ja die kategorischen Imperative der Supermarktgesellschaft. Wer ist da der Zyniker?

Daß wir häufig als »zu unpolitisch« eingestuft wurden, läßt sich leicht erklären. Oft wird politisches Bewußtsein mit dem Aufsetzen einer mitleidenden Miene verwechselt. Der Berufsbetroffene trägt das Elend der Welt auf dem Rücken, um es über dem Kopf desjenigen auszuschütten, der Skepsis gegenüber dieser Betroffenheitsschau zeigt. Ebenso wie Regierende sich auf eine hypothetische »schweigsame Mehrheit« berufen, geben sie auch vor, Bescheid zu wissen, was »die Allgemeinheit« oder »die Arbeitslosen« denken und fühlen. Da wir uns davor hüten, im Namen des großen Arbeitslosenvolkes zu sprechen, wird uns vorgeworfen, wir kultivierten eine Szenementalität. Und woher kommt der Vorwurf? Aus der Soziologenszene, der Journalistenszene oder der

Szene der Arbeitloseninitiativen[*]. »Wir haben Krieg, Menschenmassen sterben verfrüht, weil ihnen die Arbeit weggenommen wurde, und Ihr sagt bloß: ist doch nicht so schlimm, hauptsache wir haben Spaß im Bunker«, so einmal Jürgen Kuttner in radiowirksamer Manier. Deserteuren wurde immer schon vorgeworfen, die Kameraden im Stich zu lassen, feige und faul zu sein und sich nur um das eigene Überleben zu sorgen. Außerdem hätten sie nicht einmal Clausewitz studiert und daher kein Recht, über Krieg zu sprechen. Und was würde aus dem Vaterland werden, wenn sich alle wie sie benehmen würden? Gute Frage.

Selbstverständlich haben wir uns nicht darauf beschränkt, die eigenen Erlebnisse zu schildern, sondern stellten darüber hinaus generelle Überlegungen an. Allein die Behauptung, es sei möglich, ohne Arbeit glücklich zu leben, steht im vollkommenen Widerspruch zum herrschenden Weltbild, so läßt sich gleich eine lange Fragenkette entrollen – schließlich sind Muße und Philosophie enge Verwandte. Man mag uns als Spinner und Witzbolde abtun, doch das, was wir zu sagen haben, wurde auf- und sogar ernst genommen. Der Grund ist einfach, daß keine Argumentation unrealistischer und verschrobener sein kann, als der offizielle Diskurs zur Arbeitslosigkeit. Pausenlos wird eine Wiederherstellung der Vollbeschäftigung beschworen, und jede Woche werden mehr Arbeitsplätze »wegrationalisiert«. Immer lauter wird über die Notwendigkeit der Arbeit für die freie Entfaltung des Menschen doziert, und gleichzeitig müssen immer neue Zwangsmaßnahmen erfunden werden, um Menschen in Pseudojobs zu schieben, die sie nicht

---

[*] Nicht selten besteht der Erfolg von Arbeitsloseninitiativen ausschließlich darin, für sich selbst Stellen geschaffen zu haben, die sie dann gegen »unverantwortliche« Arbeitslose verteidigen müssen.

wollen. Nicht die Brisanz unserer Argumente, sondern die Schwäche der Gegenargumente ist unsere Stärke.

Im übrigen: Neu sind unsere Ideen und selbst die Namensgebung nicht[*]. Neu ist nur der zeitliche Kontext. Vor einem Vierteljahrhundert war praktische Arbeitsverweigerung einfacher und verbreiteter als heute. Dabei entstand eine Menge an anarchistisch bzw. situationistisch geprägter Literatur. Aber das Motto »Arbeitet nie!« wurde gemeinhin als extremistische Übertreibung verstanden. Die glücklichen Arbeitslosen von damals waren Menschen, die freiwillig am Rand der Vollbeschäftigungsgesellschaft standen. Hingegen steht heute ein Menschenheer im Zentrum der Gesellschaft, das die Abschaffung der Arbeit selbst erlebt, aber unfreiwillig. Darum ist die Perspektive eine völlig andere. Nicht mehr die Erweiterung einer marginalen Position, sondern die Verringerung der allgemeinen Verzweiflung ist das Ziel. Vor fünfundzwanzig Jahren war die Vorstellung vom glücklichen Arbeitslosen eine echte Provokation. Das Neue ist heute, daß sie die meisten nicht mehr schockiert, sondern Sehnsucht erweckt. In einer als ausweglos empfundenen Situation wird plötzlich ein Fenster zu einer virtuellen Welt aufgemacht, die vielversprechender ist, als das Internet.

Seit einiger Zeit melden die Wetterberichte nebst der gemessenen auch die »gefühlte Temperatur«. Und mit dem Euro wurde auch eine »gefühlte Inflation« eingeführt. So eben könnten wir vielleicht die »gefühlte Realität« bemessen und erforschen. Zweifelsohne würde sie sich stark von der offiziellen Realität unterscheiden.

---

* Peter-Paul Zahl veröffentlichte 1973 in West-Berlin eine Zeitschrift mit dem Titel »Der glückliche Arbeitslose«, in der er das Motto »Berufsverbot für alle« propagierte. Das erfuhren wir erst nach unserem ersten Auftritt; es handelt sich also nicht um einen direkten Einfluß, sondern um einen glücklichen Zufall.

12

Man stelle sich vor: Dornröschen wird heute nach einem dreißigjährigen Schlaf wach. Sie will zum Bäcker, findet aber eine Kunstgalerie. Beim ehemaligen Fleischer sitzt irgendein Kommunikationsprojekt. Das Industriegelände ist ein Freizeitpark geworden, wo Ex-Baggerführer auf hypothetische Touristen warten. Arbeiterkinder sind zu angestellten Bettlern avanciert – in »call centers« müssen sie mit einem Lächeln auf den Lippen potentielle Kunden telefonisch belästigen. Endlich trifft sie auf jemand, der sich noch handwerklich zu betätigen scheint, doch dieser erzählt ihr, daß er seinen Tisch nicht fertig bauen kann; am nächsten Tag sei er vom Arbeitsamt zum Bewerbungstraining bestellt. Dornröschen reibt sich die Augen und beschließt, wieder schlafen zu gehen. Die gefühlte Irrealität ist unsere engste Verbündete.

Sobald sich unsere Thesen aus dem vertrauten Spektrum heraus in die breite Öffentlichkeit verbreiteten, bekamen sie einen erstaunlich positiven Widerhall. So schrieb Mark Siemons in der *FAZ*: »Die Glücklichen Arbeitslosen wollen nichts weniger als das Fröhlichkeitsmonopol des ›Dienstleistungsproletariats‹ brechen. (...) Als froh und frei gilt ja nach wie vor nur, wer in die Strukturen eines Unternehmens eingebunden ist, als kleinster Teil des globalen Mobilisierungsrauschs soll er zugleich dessen Held sein und die Verantwortung für den Standort selbst tragen. (...) Angesichts solcher Verwicklungen taugen offenbar nur noch dadaistische Maßnahmen. Das Manifest ist einer der bislang raren Versuche, für das Arbeitslosigkeitsdilemma einen kulturellen Ausdruck zu finden.« (*FAZ* vom 5.3.1998)

Im *Tagesspiegel* fügte Harald Martenstein hinzu: »Wahrscheinlich stammt dieses dadaistisch angehauchte Manifest aus der A-Klasse der Arbeitslosigkeit. Und es ist wahr: Arbeitslosigkeit ist in einer Gesellschaft mit funktionierendem Sozialsystem nicht für alle ein Unglück. Unter anderem hat man dazu das Sozialsystem geschaffen. (...) Es stimmt ja auch, daß viele durch ihre Arbeitslosigkeit den Boden unter den Füßen verlieren. Ich wundere mich nur, wenn ich in den Buchhandlungen die reichhaltige Beraterliteratur zum Thema ›Krankheit als Chance‹ oder ›Endlich über 40‹ sehe. Wenn sogar der Krebs und das Altern ihre positiven Seiten haben, wieso soll es dann ein Tabu sein, die Arbeitslosigkeit zu loben? Wieso gibt es keine Bücher unter dem Motto ›Endlich arbeitslos‹?« (*Tagesspiegel* vom 13.3.1998)[*]

Seinerseits kommentierte der Soziologe Ulrich Beck in der *Süddeutschen Zeitung*: »Gegen die Ideologie der späten Arbeitsgesellschaft, die Arbeit mit Glück, Arbeitslosigkeit mit Unglück gleichsetzt, verweisen die Glücklichen Arbeitslosen darauf, daß die wesentlichen Fragen der Gesellschaft von falschen Antworten verstellt sind, also gegen die Schwerkraft des scheinbar Bekannten neu aufgeworfen werden müssen.« (*SZ* vom 19.6.1998)

Eine solche Medienanerkennung mag natürlich als Beweis für Harmlosigkeit, Resignation und Oberflächlichkeit unsererseits interpretiert werden, und genau so sahen es fundamentalistische Widersacher aus dem linken Spektrum. Prompt wurden unsere Aussagen als »Hype«, »halbe Kritik« oder auch »esoterischer Quark« abgetan. Es mangele uns an Radikalität, wir seien ökonomisch unqualifiziert, dienten nur dazu, die Armut zu verharmlosen und zu verniedlichen. Gerade deswegen seien wir die Lieblinge der Feuilletons geworden.

---

[*] Zu dem häufigen Verweis auf die Dadaisten: Schließlich hatte bereits 1919 der Dadaistische Revolutionäre Zentralrat Berlins »die Einführung der progressiven Arbeitslosigkeit durch umfassende Mechanisierung jeder Tätigkeit« gefordert, mit der Begründung: »Nur durch Arbeitslosigkeit gewinnt der Mensch die Möglichkeit, über die Wahrheit des Lebens sich zu vergewissern und endlich an das Erleben sich zu gewöhnen.« Eine geistige Verwandtschaft ist da unbestreitbar...

Zugegeben: Selbst uns kam manch ein Lob aus der etablierten Ecke eher verdächtig vor, doch wir wußten, wie damit umzugehen war. Auf beschämende Kompromisse gingen wir nicht ein (siehe »Die Zukunft des Ulrich Beck«, S. 115). Andererseits war es uns klar, daß wir einen »missing link« der Kulturkritik füllten. Im Gegensatz zu den meisten Autoren, die über Arbeitslose glossieren, sind wir selber welche[*]. Wir sprechen aus eigener Erfahrung, wie untypisch auch immer diese sein mag, und das ist selten genug, um Aufsehen zu erregen. Der Grund unseres (relativen) Erfolgs ist eher in der skandalösen Abwesenheit ähnlicher Positionen zu suchen – obgleich es überall großkotzig von »Subversion«, »Medienguerilla« und »Strategie des Widerstands« wimmelt. Uns wurde das Kommunikationstalent geneidet, weil wir mit minimalem Aufwand einen Aufmerksamkeitsgrad erreichten, nach dem viele vergeblich mit großer Mühe streben. Aber vor lauter Beachtung für Form und Mittel, die gewiß ihre Rolle gespielt haben, sollte der Inhalt nicht vernachlässigt werden. Außerdem haben wir mehr Angebote abgelehnt als angenommen und das Bemühen der Medien, aus uns Arbeitslosenstars zu machen, regelrecht sabotiert (siehe »Grenzen der Ausstrahlung«, S. 121). Aber natürlich kann gerade diese Sabotage als optimale Medientaktik verstanden werden: Wer sich heute weigert, in Fernsehstudios aufzutreten oder für Glanzzeitschriften fotografiert zu werden, wird zum Unikat und entsprechend begehrt.

Wie dem auch sei, schnell erhielt unsere Sache eine neue und konkretere Qualität. Um eventuelle Rückmel-

---

[*] Was die »A-Klasse« betrifft: Sozial und kulturell gesehen haben wir gewiß eine günstigere Position als die meisten Arbeitslosen (schon in Berlin zu leben, und nicht in Verden oder Memmingen macht viel aus), aber finanziell nicht: Unsere Stütze ist durchschnittlich knapp...

dungen zu ermöglichen, hatten wir die Journalisten stets darum gebeten, unsere Kontaktadresse abzudrukken, und das taten die meisten auch. So wurden wir binnen Wochen mit Zustimmungsbriefen aus allen Ekken der Republik überschüttet. Die Existenz einer Bewegung von Glücklichen Arbeitslosen hatten wir bloß postuliert, jetzt meldeten sich tatsächlich Hunderte zu Wort! Die am häufigsten verwendete Botschaft war: »Endlich ein Text, der mir aus der Seele spricht.« Menschen, die seit Monaten oder Jahren dieselbe Erfahrung machten, ohne es zu wagen, sie in ihrem Bekanntenkreis zu propagieren, sahen sich bestätigt und wollten die wohltuende Wirkung mitteilen. Einige hatten schon von einer ähnlichen Initiative geträumt: »Seit Jahren erwäge ich, ein Bündnis gegen Arbeit zu schmieden, war aber immer zu faul dazu.« Es waren persönliche, oft rührende Zeugnisse. Viele bezeichneten sich selbst als nicht ganz glücklich bis unglücklich, doch um gleich zu betonen, daß die Ursache nicht im Arbeitsmangel lag. Häufigste Beschwerden waren die Schikanen der Ämter und natürlich die finanzielle Knappheit, aber auch der Blick der anderen: »Man hat voll den Stempel aufgedrückt: A – arbeitslos. Dann wird man entweder bedauert, oh je, arme Sau, oder man wird beschimpft als Schmarotzer. Also das passiert nicht nur in den Medien, sondern ich erlebe das tatsächlich auch mit nahen Bekannten und Verwandten. Es ist echt schwer, dann nicht depressiv zu werden oder anderweitig auszurasten.«

Beim Durchblättern dieser heterogenen Briefesammlung treffe ich auf einen Arbeitslosen vom Lande (»Hier im Dorf und sowieso im direkten Lebensumfeld hat's auch noch ein gehöriges Potential an mehr oder weniger offensiv glücklichen Arbeitslosen«), einen Rentner (»Darf ich mich trotzdem zu Euch zählen?«), einen »Schüler, der zur Zeit arbeitslos auf Probe ist«, eine behinderte Frau (»nicht restlos glücklich, weil ziemlich allein gelassen«), einen Häftling (der »aus politischen Gründen Zwangsarbeit im Knast verweigert«), einen depressiven Arbeitnehmer (»Ich spüre, daß der Job mich so langsam psychisch und physisch kaputtmacht«), eine »nicht Arbeitslose, sondern Geldlose« (»Ich arbeite gerne, aber nicht um jeden Preis und schon gar nicht, um meine Freiheit aufzugeben«), eine »Freigängerin« (»nicht gelangweilt, aber etwas in Sorge wegen der vielen Leute, denen es viel schlechter geht als mir, obwohl sie arbeiten«), einen »glücklichen Hausmann mit zwei Kindern«, einen experimentierfreudigen Forscher (»Ich habe Arbeitslosigkeit an mir ausprobiert und dabei keinen unangenehmen Nebeneffekt gespürt«) usw. usf.

Zusammengenommen bilden all diese Zeugnisse ein Mosaik, das prächtiger und verheißungsvoller ist, als der graue Einheitston üblicher Berichterstattungen. Man wird uns wohl erwidern, daß diese Stimmen eine unbedeutende Minderheit der Arbeitslosen darstellen, und das stimmt auch. Doch selbst als Minderheit widerlegen sie die These, Arbeit sei für die Entfaltung des Menschen eine absolute Notwendigkeit. Im übrigen ist der Arbeitslose als hilfloser, brutaler und faschistoider Säufer auch eine Minderheitserscheinung, und doch wird dieses Bild stets zur Schau gestellt. Wäre es nicht sinnvoller, angesichts der strukturellen Arbeitsvernichtung, danach zu streben, die Minderheit glücklicher Arbeitsloser zu vergrößern, anstatt sie zu bekämpfen? Gewiß ist es nicht für jeden einfach, dem Wertekanon der Arbeit zu entgehen und für sich selbst eine befriedigende Tätigkeit zu finden. Dafür muß die entsprechende Umgebung geschaffen werden. Wir haben uns nie als Fürsprecher einer bereits existierenden Kategorie dargestellt, sondern als Vorboten einer möglichen Entwicklung.

Mit der überraschenden Zustimmungswelle von der Basis wurden wir erst recht herausgefordert. Allein die Aufgabe, die vielfältigen Erwartungen und Fragen ein-

zeln zu beantworten, wäre in mühselige Arbeit ausge-
artet, wovor wir uns natürlich hüteten! So kam die Idee
auf, einen Rundbrief zu verteilen. Außerdem wollten
wir, daß die Empfänger zu Sendern werden, um uns
selbst schleunigst als Zentrum des Netzes abschaffen zu
können. Dies erschien uns um so wichtiger, da sich viele
Leute aus einer Stadt an uns wandten, offensichtlich
ohne einander zu kennen. »Sei wachsam, Dein Nachbar
könnte auch einer sein!« So entstand im Juni 1998 die
Nullnummer des *müßiggangster* mit dem Untertitel:
Kontemplationsblatt der Glücklichen Arbeitslosen. Die
Zeitschrift erschien dann (sehr) unregelmäßig, die bis
dato letzte Ausgabe kam im Sommer 2001 heraus. Spenden von Sympathisanten reichten immer aus, um den
müßiggangster kostenlos zu verteilen und zu verschik-
ken. Trotz des konfidentiellen Vertriebs blieben die
Inhalte von der Öffentlichkeit nicht unbemerkt, wie
manche Texte (s.u.) es belegen. Eine Ente hatte dazu
verholfen. In der *FAZ* vom 1.7.98 war zu lesen: »Die in
Berlin entstandene Bewegung der Glücklichen Arbeitslosen ist offenbar weiter verbreitet, als man bisher
glaubte. Das Manifest der Bewegung soll 150.000 mal
nachgefragt worden sein, wie jetzt der *müßiggangster*
mitteilt.«[*] Auf einmal stürzten sich Meinungsmacher
und Politiker auf uns, in der Furcht, einen wichtigen
Wandel im Volke verpaßt zu haben! Wiederum dank der
erneuten Aufregung wendeten sich weitere Arbeitslose
an uns. Das Wechselspiel zwischen medialer Blase und
realer Verknüpfung steigerte sich.

Mittlerweile hatten sich Arbeitslosenproteste in
Deutschland entfaltet, von Gewerkschaften und (dama-
ligen) Oppositionsparteien mehr vereinnahmt als unterstützt (wir hatten ja Wahljahr). Beim unabhängigen

---

[*] Eigentlich bezog sich diese Zahl auf den Gesamtnachdruck
des Textes in verschiedenen Zeitungen (*tageszeitung, Schein-
schlag, Jungle World* usw.).

»Aktionsbündnis« in Berlin hatten wir Sympathisanten getroffen. Es war eine gute Gelegenheit, statt des verdummenden Mottos »Arbeit, Arbeit, Arbeit!« vernünftige Töne verlauten zu lassen. Unsere Kampfparolen lauteten: »Gleiche Ausbeutung für alle!«, »Mehr Zuckerbrot, weniger Peitsche« oder auch »Wer seinen Arsch selber abwischt, vernichtet Arbeitsplätze«. Statt ewig auf langweilige Demos zu latschen, und von der französischen Arbeitslosenbewegung inspiriert, initiierten wir »Spaziergänge«, also kollektives Herumstreifen durch die Stadt mit kurzen Stationen in Ämtern, Restaurants und sonstigen öffentlichen Einrichtungen. Eine berühmte Episode war die feierliche Übernahme von Schlingensiefs Eintrittskasse im Wahlkampf-Zirkus (siehe »Spazierengehen mit Freunden und Gedanken«, S. 89). Wir haben immer Wert darauf gelegt, Form mit Inhalt übereinstimmen zu lassen, also Protestaktionen zugleich als Beweise für, sagen wir mal, schöpferische Tätigkeit und Lust zu gestalten. (Ich weigere mich, die verschmutzten Vokabeln »Kreativität und Spaß« zu verwenden.) Selbst Teilnehmer, deren Alltag aus Unglück und Elend besteht, wurden von der Stimmung angesteckt. Eine gelungene Situation ist mehr wert als tausend Argumente.

Die Proteste waren auch ein Anlaß zu zeigen, daß wir uns keineswegs von den unglücklichen Jobsuchenden abspalten wollten. Schließlich hatten wir gemeinsame Beschwerden: Schikanen, Simulationsmaßnahmen und unterbezahlte Zwangsarbeit. Die Möglichkeit, eine dezent bezahlte Stelle zu bekommen, ist eng mit der Möglichkeit verknüpft, ohne Stelle dezent auszukommen. Es gibt keinen Interessenkonflikt, auch keine klar differenzierten Gruppen: Wenn Glückliche Arbeitslose notgedrungen einen Job annehmen, dann wollen sie natürlich annehmbare Verhältnisse haben, und der Lohn muß auch einigermaßen stimmen. Ihnen kann die Lage der Arbeiterschaft nicht gleichgültig sein. Andererseits kann heute kaum ein Beschäftigter sicher sein, daß er

niemals arbeitslos wird. Also ist das Wohlergehen der
Arbeitslosen eine gemeinnützige Frage. Sollte es sein,
zumindest. Allerdings löste sich die Arbeitslosenbewegung noch schneller ins Nichts auf als ein Wahlverspre-
chen. Mit ihr verschwand die Opportunität einer direkten Debatte auf der Straße. Wir organisierten noch einige öffentliche Treffen in Städten, wo wir Gleichgesinnte
haben, das gelungenste davon in Hamburg, wo wir eine
Einkaufszone unter Freitagsstreß in eine friedfertige
Wiese mit plaudernden Picknickern verwandelten (siehe
»Gemeine Plätze schaffen«, S. 101).

Die Zunahme an Aktivität erzeugte interessante Widersprüche. Wir hatten ja behauptet, daß die positive
Seite von Arbeitslosigkeit die Möglichkeit einer »Zurückeroberung der Zeit« sei, um das zu tun, was einem vor-
schwebt. Dies galt natürlich auch für uns selbst. Nun
aber drohte die befreite Zeit knapp zu werden. Und wir
entfernten uns von unserem eigentlichen Interesse. Die
ständige Auseinandersetzung mit der Arbeitsmarktpolitik zählte nie zu unseren Leidenschaften. Eine klas-
sische Arbeitslosengruppe, eine Beratungs- und Hilfs-
stelle wollten wir nie werden. Die gibt es schon, und es
ist gut, daß es sie gibt, doch dafür waren wir nicht die
Richtigen. Eigentlich hätten wir uns gern ganz überflüssig gemacht. Die Vorstellung war, ein funktionierendes
Netzwerk zustande zu bringen, um dann etwas ganz
anderes anfangen zu können. Aber die Sache schien sich
nicht so entwickeln zu wollen, nämlich aufgrund eines
zweiten Widerspruchs, der alten Diskrepanz zwischen
Organisatoren und Mitläufern. Immer öfter kamen
Leute zu uns und fragten: »Was macht ihr als nächs-
tens?« Worauf wir antworteten: »Mach du doch einen
Vorschlag. Organisiere dich selbst.« Eine pyramidale
Lobby von arbeitsunwilligen Arbeitslosen hätten wir
wahrscheinlich leicht aufbauen können, doch so wäre
die ursprüngliche Idee abhanden gekommen. Wir waren

eine »Organisation der sonst nur notdürftig Organisierten«. Diejenigen, die immer einsatzbereit waren, mochten schon ideell sympathisieren, doch tatsächlich suchten sie nur eine beliebige Beschäftigung (wenn nicht gar eine Stelle!). Es fehlte ihnen die innere Kraft der Muße. Ob diese sich vermitteln läßt, weiß ich nicht. Pädagoge ist keiner von uns. Eigentlich waren unsere richtigen Ansprechpartner Menschen, die keine feste Gruppe brauchten. Sie hatten signalisiert, gelegentlich etwas in diese Richtung unternehmen zu wollen, aber zuviel Energie dürfte dafür nicht verwendet werden. Sie sind faul, und das ist auch gut so. Deswegen können wir die einfallsreiche Journalistenfrage: »Wieviel seid Ihr denn?« nicht beantworten. Wir wollen es nicht einmal wissen! Die schönste Überraschung war immer, zufällig zu erfahren, daß sich uns völlig unbekannte Leute in Halle, Göttingen, Paris, Valencia oder sonstwo zu Glücklichen Arbeitslosen erklärt oder gar zusammengeschlossen hatten. Der Umkreis bleibt unfaßbar und nebulös.

Allein von Aktivitäten der Glücklichen Arbeitslosen zu sprechen ist paradox und muß es bleiben. Wir setzen uns ja für den Wert der Pause, der Muße und der schöpferischen Ruhe ein. Entsprechend sollten wir in Erscheinung treten. Sowohl Künstler- als auch Politgruppen reproduzieren meistens die Mentalität und die Organisationsformen der Arbeit. (Die Software-Ingenieurin Ellen Ullmann hat in »Close to the Machine« schön eruiert, wie ihre linksradikale Vergangenheit samt Kategorien wie »Programm« und »System« die beste Einführung in die Computerbranche war.) Wir aber durften keineswegs einem Aktivismus verfallen. Bloß, wie sieht Passivismus aus? Es ging darum, eine Abwesenheit sichtbar zu machen, ein Jenseits der Arbeitswelt flüchtig zu vergegenwärtigen (vgl. dazu »Wir bleiben liegen«, S. 79 und »Das latente Manifest«, S. 56). Da wird selbst Wiederholung zum Verhängnis. Unser Beruf ist es, keinen zu haben – um diese Idee zu verdeutlichen, versuchten wir immer, wider allen Erwartens aufzutauchen. Entsprechend heterogen sehen die Stationen der Glücklichen Arbeitslosen aus: eine Kunstausstellung im Berliner Marstall, das Sozialamt Prenzlauer Berg, das Hamburger Thalia Theater, eine landwirtschaftliche Kooperative in Brandenburg, die Tutzinger evangelische Akademie, ein besetztes Haus in Sevilla, die internationale Frauenuniversität in Hannover, heute verstorbene Berliner Kneipen wie der »Sportlertreff« oder das »Siemeck«, ein Psychiaterkongreß in Rendsburg, eine (heute zugebaute) Wiese an der Friedrichstraße, das Verdener Landgericht usw. usf. So konnten wir unsere Ansichten von verschiedenen Standpunkten aus prüfen und die offene Diskussion fortsetzen. Ein anderer Vorteil dieses steten Szenenwechsels lag darin, daß vermieden werden konnte, in einem Bereich überpräsent zu werden. So viel zum Thema glückliche Arbeitslosigkeit läßt sich auch nicht sagen, und wir wollen nicht langweilig werden.

Außerdem gibt es noch einen Grund für unsere gesteigerte Enthaltung. Noch 1998 hatten wir im *müßiggangster* ein »Festival der Glücklichen Arbeitslosen« angekündigt, auf dem arbeitslose Köche, Handwerker, Spinner usw. ihre Talente öffentlich vorgezeigt hätten. Dafür hatten wir uns von der Schwulenbewegung die Idee des »coming out« geborgt. Ein geldfreies Umfeld sollte geschaffen werden, wofür wir gewiß problemlos Gelder bekommen hätten. Doch zum Glück gaben wir die Idee rechtzeitig auf. Denn zu dieser Zeit schossen Festivals, Paraden, Politkarnevals und sonstige Events wie Pilze aus dem Boden. Die Spaßguerilla wurde rasch zum Spaßterror, Aktionismus zum Selbstzweck, nach dem Motto: Wer keine Inhalte mehr zu vermitteln hat, der kann immer eine »bunte, laute und kreative« Veranstaltung machen. So wurden die Gegensätze zwischen Arbeit und Freizeit einerseits, der Agora und Disneyland andererseits, feierlich abgeschafft. Doch diese Art der Versöhnung zog uns so wenig an wie die klassischere

22

»Integration durch Arbeit«. Fortan verzichteten wir auf spektakuläre Aktionen.

Zurück zur Politik. Gewiß war Arbeitskritik längst vor unserer Erscheinung bereits ein heftiges Kampfthema unter der deutschen Linken gewesen. Zu diesem Zeitpunkt sah es aber so aus, als ob die argumentative Munition schon verschossen wäre. Den Schlagabtausch hatte ein Schützengrabenkrieg ersetzt, nur noch sporadisch wurde das feindliche Lager über die Frontlinie hinweg beschimpft. Die Lage sah ungefähr so aus:

Auf der einen Seite hatte sich die Existenzgeld-Fraktion postiert, also Leute, die ein staatlich gesichertes Einkommen für alle, ob Arbeitende oder nicht, forderten. Diese Truppe war aber selbst gespalten: Die einen nannten eine hohe Existenzgeldsumme, die ihrer Meinung nach rein antikapitalistisch, weil absolut unannehmbar war. Die anderen lehnten einen solchen Irrealismus ab und verlangten ein niedrigeres Grundeinkommen, in der (stets enttäuschten) Hoffnung, Regierungsparteien tatsächlich zum Einlenken zu bringen. Folglich waren sie bei den ersten als Kapitalistensubventionierer und Lohndrücker verschrien.

Allen Befürwortern des Existenzgeldes, Radikalen wie Realos, wurde ihrerseits von der anarchistischen Fraktion Staatsgläubigkeit und Reformismus vorgeworfen. Denn es ginge nicht darum, vom Staat mehr Geld zu verlangen, sondern ohne Staat und Kapital zu leben. Nichts fordern, sondern unabhängige Lebensformen wie Kooperativen, Tauschringe oder Selbstversorgung selbst organisieren. Natürlich war auch dieses Lager gespalten, und zwar in Praktiker (die eigentlich öfter Praktikerinnen waren), die mit täglichen Aufgaben überfordert waren, und Denker, die sich in alternative Wirtschaftstheorien vertieften. Wie auch immer, allen wurde von ihren Gegnern Eskapismus, Kommunitarismus und kleinbürgerliche Ideale vorgeworfen.

Dann gab es noch die geschrumpfte Fraktion der Klassenkämpfer. Nur innerhalb der Produktion sahen sie die Möglichkeit, gegen die Arbeit effektiv zu agieren. Arbeitslose seien Arbeiter ohne Arbeit, darum ohne Möglichkeit, sich von der Arbeit zu befreien. Randständige Initiativen hätten keine Chance, die Verhältnisse umzustürzen. Darum gelte es, gefälligst einen miesen Job anzunehmen, um von dort aus Unmut, Streiks und Sabotagen zu provozieren. Doch die Gelegenheiten, sich dem kämpfenden Proletariat anzuschließen, sind rar geworden. Außerdem wird Selbstaufopferung heute nicht mehr so geschätzt, so blieb die ersehnte Radikalisierung aus.

Schließlich schwebte über dem Schlachtfeld die Gruppe der Systemkritiker. Sie mahnten: Erst kommt die richtige Theorie, dann die Praxis. Allen anderen Fraktionen warfen sie vor, Abwehrkämpfe zu führen, die mangels klar durchdachter Ziele »systemimmanent« (das heißt so gut wie Scheiße) und voller theoretischer Löcher seien. Folglich zogen sie sich zurück und schrieben lange, nicht-immanente Aufsätze. Wer nach der praktischen Umsetzung solch kluger Theorien fragte, wurde zum nächsten Seminar eingeladen, bei dem Begriffe nach-, ver- und umgearbeitet wurden, bis sie als weitere arbeitskritische Texte herauskamen.

Wenn wir all diese Positionen genauer anschauen, dann finden wir, daß jede eine eigene Berechtigung hat. Diese Auffassungen schließen sich nicht unbedingt aus, sondern sind eher komplementär (z.B. eine Grundsicherung plus staats- und geldfreie Organisation) oder gar unvergleichbar (theoretische Wertekritik mit Gemüseanbau). Das Problem fängt erst an, wenn eine Auffassung sich als einzig gültige begreift, die andere ausschließt und die dogmatische Trennung zwischen diesseits und jenseits, individuellem Überleben und kollektiver Zukunft, Reform und Revolution fortführt.

24

Eine zusätzliche Position aufzubauen hätte das Problem nicht gelöst, sondern nur vergrößert. Statt dessen entschieden wir uns, auf die Segelflug-Taktik zu setzen. Beim Segelflug wird die Kunst angewandt, aufsteigende Luftströmungen zum Höhengewinn auszunutzen. Man bewegt sich auf der Suche nach potentiellen Wärmequellen; wird eine entdeckt und überflogen, dann steigt man hoch und wieder abwärts bis zur nächsten Quelle. Da haben wir die passende Metapher für einen gesunden Opportunismus in der sozialen Praxis. Statt sich verkrampft auf einen Schwerpunkt zu fixieren, werden je nach Gelegenheit beliebige soziale Aufwinde gesucht. Entscheidend dabei ist nicht der Gegenstand der Aktivität (es können also gleichwohl Festessen, Tauschringe, Gruppensex, Gesprächssalons, Krawalle oder Gartenpflege sein), sondern ob dadurch ein Gewinn an Kommunikation ermöglicht wird oder nicht.

Aber wo bleibt da der Kampf, fragt sich der Aktivist? Ja, wo? Irrtümlich wird heute kämpferischer Geist mit Stumpfheit, Hektik und hysterischem Geschrei verbunden. Die asiatischen Kampfkünste lehren anderes. Nur wer äußerst sanft ist, kann die nötige Härte erzeugen. Nur wer sich im Gegner vollständig aufzulösen vermag, kennt dessen Schwäche und kann ihn entsprechend zerschlagen. Gelassenheit macht unerschütterlich. Es ist für Glückliche Arbeitslose nur logisch, sich von solchen Weisheiten – und sei es nur metaphorisch – inspirieren zu lassen[*]. Zum Beispiel von der chinesischen Kampfart

[*] »Ich denke, die westliche Denk- und Lebensweise ist es, die Ihre jetzige Gesellschaft hervorgebracht hat, in der arbeitslose Menschen als wertlos angesehen werden. Ich habe den Eindruck, ein arbeitsloser Tibeter wäre nicht so schwermütig wie ein westlicher Arbeitsloser. Vorausgesetzt, er oder sie hätte genug zu essen und verfügte über ein Dach, dann wäre das Leben wunderbar. Solche Leute wären einfach glücklich, den ganzen Tag herumzuliegen und mit Freunden zu plaudern! (...)

Neijia, der »inneren Richtung«, die ausschließlich auf zwei Prinzipien beruht: dem Nicht-Tun und der Ausnutzung der Fehler des Gegners. »Das Nicht-Tun«, so Lie-Zi, »hat keine Kenntnisse, es hat keine Fähigkeiten, doch es gibt nichts, was es nicht wüßte, und es gibt nichts, was es nicht könnte.« Das zweite taktische Prinzip wird auch im Aikido angewandt: Ausweichen und ausweichen, bis der Angreifer in die Position gerät, in der sein Gleichgewicht mit minimalem Aufwand geschickt gebrochen wird. Ebenso wird im geistigen Aikido nicht versucht, mit zweifelhaft vorgefertigten »Zukunftsmodellen« oder »Systemkritik« anzugreifen, sondern die Ideen des Gegners umzudrehen, ihn beim Wort zu nehmen, seine Widersprüche zu nutzen, mit dem Ziel, sein ideologisches Gleichgewicht zu brechen. In dieser Zeit der praktischen Lähmung und der theoretischen Abrüstung ist eine solche Taktik empfehlenswert. Unser bescheidenes Ziel ist, Fragenschutzgebiete einzurichten. Wir haben keine Lösung, damit aber auch kein Problem.

Die Auswahl, die für dieses Buch getroffen wurde, versucht, die verschiedenen Facetten und Interventionen der Glücklichen Arbeitslosen widerzuspiegeln. Im ersten Teil werden Aufrufe nachgedruckt, vom »Gründungsmanifest« bis zur jüngsten Mißtrauenserklärung gegen die Arbeitsmarktreform. Das zweite Kapitel geht ins Praktische und dokumentiert sowohl direkte Maßnahmen als auch kleine Experimente und Erlebnisse der letzten Jahre. Im dritten Abschnitt werden »Helden des Alltags« präsentiert, Probestücke eines zeitgemäßen Genres, das womöglich in die Geschichte als »Arbeitslosenliteratur« eingehen wird. Schließlich werden »ernste-

Nun, der heutige Stand der Arbeitslosigkeit in Industrieländern scheint sehr unangenehm zu sein; und doch: Schuld daran sind meiner Meinung nach die Begriffe, die sich Ihre Gesellschaft gebildet hat.« (»Image All The People. Conversations with the Dalai Lama«, Wisdom Publications).

26

re« Aufsätze nachgedruckt, um die Auseinandersetzung auf der theoretischen Ebene widerzugeben.

Als ich dabei war, dieses Vorwort zu beschließen, stieß ich auf eine beunruhigend wirkende Schlagzeile der Wochenzeitung *Jungle World*: »Angriff auf die Müßiggangster – Was wird aus den glücklichen Arbeitslosen?« Gemeint sind natürlich die Pläne, Dauer und Höhe der Arbeitslosenunterstützung drastisch zu kürzen. Womöglich werden in einigen Jahren oder gar Monaten die beiliegenden Schriften als Zeugnis einer besseren Vergangenheit gelesen werden, als Mangel und Druck nicht so harsch waren. Dennoch ist eines sicher: Selbst wenn wir alle der Reihe nach aus dem »sozialen Netz« rausfliegen und in zermürbender Unsicherheit leben müßten, der Grundwiderspruch einer arbeitsvernichtenden Arbeitsgesellschaft wird nicht gelöst werden. Unsere Kritik wird weiterhin gelten und das glückliche Bild, das wir projiziert haben, dürfte um so mehr Sehnsucht erregen. Die Lage ist hoffnungslos, aber nicht ernst. Es gibt ein Leben nach der Arbeit.

Guillaume Paoli
Kurhaus-Hotel Masserberg im Juli 2002

Mit der gebührenden Langsamkeit und ruhigem Fanatismus

(Aufrufe 1996-2002)

müßiggangster

KONTEMPLATIONSBLATT DER GLÜCKLICHEN ARBEITSLOSEN

Nummer zwei, Frühling 1999

Bündnis für Simulation:
Ihr tut, als ob ihr Arbeitsplätze schafft, wir, als ob wir arbeiten!

Diese Ausgabe vom müßiggangster erscheint später als gedacht, und dies hat aktuelle Gründe: In den letzten Monaten wurden die meisten von uns in Maßnahmen gefangen, also gezwungen, einige Monate ihres Lebens für die Fiktion der Arbeit zu opfern. Ihr kennt das schon: Für irgendein „Projekt" macht die eine ein paar Stunden „Telefondienst" pro Tag (nur für den Fall, daß das Arbeitsamt anruft), während der andere sich „umschulen" läßt – d.h. sich mit Multimedia vergnügt in der Erwartung, weiter Arbeitslosengeld zu erhalten. Man mag wohl denken: „fuer mich ist es noch das kleinere Uebel", doch in dieser Zwischenzeit müssen die eigenen Lebensziele wieder in die Privatsphäre untertauchen. Während Arbeitslose auf diese Art beschäftigt sind, gehen sie nicht auf die Straße. Die Scheinwelt wird bewahrt.

Nach wie vor wird behauptet, das menschliche Leben teile sich in ein „Reich der Notwendigkeit" (der Arbeit) und ein Reich der Freiheit" (der sog. Freizeit). Doch worum es hier geht hat weder mit Notwendigkeit noch mit Freiheit zu tun, sondern mit blanker Vortäuschung – ein Reich der Simulation. Trotz alledem ist die Fabrizierung von fiktiven Beschäftigungen aufwendig und zeitraubend: „Projekte" müssen glaubhaft definiert, Stellen beantragt und Gelder verwaltet werden. Was man tut und wie ist egal, was zählt ist, ob es aufgelistet, eingetragen und in einem Preis ausgedrückt wird. Mit welchem Ende-gebnis? Wie es die Leiterin einer gescheiterten ABM zum Ausdruck brachte „Immerhin haben wir den Leuten ein bißchen Ordnung beigebracht. Sie haben wieder gelernt, früh aufzustehen." Das nennt sich „Integration durch Arbeit", eine Art „Eingliederung", die ungefähr so erregend ist, wie virtueller Sex. Mit dieser Absurdität werden die Freunde des Müßiggangs umgehen müssen (dafür erste Vorschläge Seiten 2 und 3). Mehr als je lohnt es sich, die glückliche Arbeitslosigkeit zu verteidigen.

Auf der Suche nach unklaren Ressourcen

... und was machen Sie so im Leben?

Was nun folgt, widerstößt gegen die bisher geltenden Prinzipien der Glücklichen Arbeitslosen, die ungern mit der Theorie beginnen. Sie bevorzugen vielmehr Propaganda durch Tat, Untat und vor allem Nicht-Tat. Zudem gibt es auf dem Gebiet der glücklichen Arbeitslosigkeit noch keine entscheidenden Forschungsergebnisse, die präsentierbar wären. Jedoch sind ein paar Erklärungen nötig, denn die Gerüchte, die den Glücklichen Arbeitslosen schon einen heimlichen Ruhm verschafft haben, sind nicht frei von Mißverständnissen. Über ziemlich grundlegende Aspekte sogar, nämlich das Glück, und die Arbeitslosigkeit außerdem.

Erstens, da vom Glück die Rede ist, wird die Sache sofort verdächtig. Glück ist bürgerlich. Glück ist unverantwortlich. Glück ist undeutsch. Und überhaupt, wie kann man glücklich sein, angesichts der Armut, der Gewalt und der Schrippen, die nun 67 Pfennige kosten, obwohl nichts weiter als Luft drin ist. Paul Watzlawick hat eine schlagende »Anleitung zum Unglücklichsein« verfaßt, in der er eine solche Einstellung schildert:

»Was, wenn wir am ursprünglichen Ereignis unbeteiligt sind? Wenn uns niemand der Mithilfe beschuldigen kann? Kein Zweifel, dann sind wir reine Opfer, und es soll nur jemand versuchen, an unserem Opfer-Status zu rütteln oder gar zu erwarten, daß wir etwas dagegen unternehmen. Was uns Gott, Welt, Schicksal, Natur, Chromosome und Hormone, Gesellschaft, Eltern, Verwandte, Polizei, Lehrer, Ärzte, Chefs oder besonders

Freunde antaten, wiegt so schwer, daß die bloße Andeu-
tung, vielleicht etwas dagegen tun zu können, schon
eine Beleidigung ist. Außerdem ist sie unwissenschaft-
lich.«

Um diese Frage zu behandeln, wäre es nötig, in den
Sumpf der Psychologie vorzudringen, wovor wir uns
natürlich hüten werden.

Gegen das Glücklichsein hält man aber auch noch
andere Argumente parat. Zum Beispiel wird behauptet,
der Totalitarismus bestehe darin, die Menschen gegen
ihren Willen glücklich machen zu wollen. Aber die unglücklichen Arbeiter und Arbeitssuchenden brauchen
sich keine zusätzliche Sorge zu machen: der Glückliche
Arbeitslose hat nicht die Absicht, sie gegen ihren Willen
glücklich zu machen. Gewiß ist Glück ein Stichwort für
alle möglichen Quacksalber, die ihre Wundermedizin
anpreisen wollen. Aber der Glückliche Arbeitslose hat
keine Wundermedizin anzubieten. Programmatisch
sieht das so aus wie bei Lautréamont, der 1869 seine
eigene Aufgabe formulierte: »Bis jetzt wurde Unglück
geschildert, um Furcht und Erbarmen zu erzeugen. Nun
werde ich das Glück schildern, um ihr Gegenteil zu
erzeugen.«

Und jetzt zur Sache: Wir wissen alle, daß Arbeitslosigkeit nicht abgeschafft werden kann. Läuft der Betrieb
schlecht, dann wird entlassen, läuft er gut, dann wird in
Automatisation investiert – und auch entlassen. In früheren Zeiten wurden Arbeitskräfte gefordert, weil es
Arbeit gab. Nun wird verzweifelt Arbeit gefordert, weil
es Arbeitskräfte gibt, und keiner weiß, wohin mit ihnen,
denn Maschinen arbeiten schneller, besser und billiger.

Die Automatisation ist immer ein Traum der Menschheit gewesen. Der Glückliche Arbeitslose Aristoteles vor
2300 Jahren: »Wenn jedes Werkzeug seine eigene Funktion selbst erfüllen könnte, wenn zum Beispiel das We-
berschiffchen allein wirken könnte, dann würde der
Werkmeister keine Gehilfen brauchen, und der Herr

keine Sklaven.« Nun hat sich dieser Traum verwirklicht, und alle empfinden es als einen Alptraum, da sich die sozialen Bedingungen nicht so rasch wie die Technik gewandelt haben. Dieser Prozeß ist unumkehrbar, denn Roboter und Automaten werden nicht wieder von Arbeitern abgelöst. Außerdem wird die »menschliche Arbeit«, wo sie noch nötig ist, in Billiglohnländer ausgelagert oder von unterbezahlten Immigranten hier geleistet. Diese abwärts führende Spirale könnte nur mit der Wiedereinführung der Sklaverei beendet werden.

Jeder weiß es, doch darf man es nicht aussprechen. Offiziell herrscht der »Kampf gegen die Arbeitslosigkeit«, eigentlich ein Kampf gegen die Arbeitslosen. Zu diesem Zweck werden Statistiken verfälscht[*], Pseudo-Arbeitsplätze beschafft und schikanöse Kontrollen durchgeführt. Da solche Maßnahmen immer unzureichend sind, wird noch dazu herummoralisiert und behauptet, der Arbeitslose habe seine Situation selbst verschuldet. Man macht aus den Arbeitslosen einfach »Arbeitssuchende«, allein um die Realität zu zwingen, sich der Propaganda anzupassen. Der Glückliche Arbeitslose sagt laut, was jeder weiß.

»Arbeitslosigkeit« ist ein schlechtes Wort, ein negativ besetzter Begriff, die Kehrseite der Medaille der Arbeit. Ein Arbeitsloser ist bloß ein Arbeiter ohne Arbeit. Dabei wird über den Menschen als Poet, als Reisender, als Suchender, als Atmender nichts gesagt. In der Öffentlichkeit darf nur von Arbeitsmangel die Rede sein, erst in privaten Sphären, abseits von Journalisten, Soziologen und anderen Schnüfflern, wagt man, aufrichtig zu sein. »Ich wurde entlassen, geil! Endlich habe ich Zeit, jeden Tag auf Parties zu gehen, brauch nicht mehr aus der Mikrowelle zu essen und kann ausgiebig vögeln.«

* Erst sechs Jahre später deckten die empörten Medien das offene Geheimnis der Statistikfälschungen auf...

Soll diese Trennung zwischen privater Weisheit und öffentlicher Lüge aufgehoben werden? Man sagt uns, es sei nicht der richtige Moment, die Arbeit zu kritisieren, es sei eine Provokation, die den Spießern gerade recht käme. Noch vor zwanzig Jahren konnten die Arbeiter ihre Arbeit und auch die Arbeit an sich in Frage stellen. Heute müssen sie, nur weil sie nicht arbeitslos sind, Zufriedenheit heucheln, und die Arbeitslosen müssen, nur weil sie keine Arbeit haben, Unzufriedenheit heucheln. Somit hat sich die Kritik der Arbeit in Wohlgefallen aufgelöst. Der Glückliche Arbeitslose ist über diese infantile Erpressung erhaben.

Wo die Arbeitsethik verloren gegangen ist, bleibt die Angst vor der Arbeitslosigkeit die beste Peitsche zur Steigerung des Kriechertums. Ein gewisser Schmilinsky, Management-Berater zur Ausrottung der Blaumacher, sagt es ganz deutlich: »In einem Rennstall überlegen Sie sich auch, welches Pferd noch das Gnadenbrot bekommt und welches nicht. Unternehmen, die heute überleben wollen, müssen zuweilen auch rabiat sein. Zuviel Güte kann einem Unternehmen den Hals brechen. Ich rate meinen Kunden, mit der eisernen Hand im Samthandschuh durchzugreifen. Wir leben in einer Zeit, in der Arbeiter rund um sich herum beobachten, wie Stellen abgebaut werden. Niemand will unangenehm auffallen. Firmen neigen zunehmend dazu, diese Unsicherheit zu nutzen, um die Fehlzeiten deutlich zu senken.« (*Der Spiegel*, 32/1996)

Das Schaffen eines artgerechten Biotops für Glückliche Arbeitslose würde auch die Lage der Arbeiterschaft verbessern: die Angst, arbeitslos zu werden, würde abnehmen, und der Mut, sich zu widersetzen, könnte leichter zum Ausdruck kommen. Vielleicht würde sich eines Tages das Kräfteverhältnis wieder zu den Arbeitenden neigen. »Was? Sie wollen kontrollieren, ob ich richtig krank bin oder nicht? Dann geh ich lieber zu den Glücklichen Arbeitslosen«.

Arbeit ist eine Überlebensfrage. Diese Meinung können wir teilen. Bob Black schreibt dazu aus Nord-Amerika:

»Arbeit ist Massenmord oder Genozid. Arbeit wird jeden, der diese Worte liest, direkt oder indirekt umbringen. Zwischen 14.000 und 25.000 Menschen kommen in diesem Land jährlich bei der Arbeit um. Mehr als zwei Millionen werden dabei zu Behinderten. 20 von 25 Millionen werden verletzt. In diese Zahl sind noch nicht einmal die halbe Million Menschen mit Berufskrankheiten einbezogen. Es wird nur die Oberfläche angekratzt. Was die Statistik nicht aufzeigt, sind all die Menschen, deren Lebensdauer durch Arbeit verkürzt wird – das ist doch eben Mord. Denken Sie an all die Ärzte, die sich mit 50 zu Tode schuften. Denken Sie an all die Workaholics! Und auch wenn Sie nicht getötet oder verkrüppelt werden während Ihrer Arbeit, so könnten Sie es doch, während Sie zur Arbeit gehen, von der Arbeit kommen, Arbeit suchen oder versuchen, die Arbeit zu vergessen. Natürlich darf man auch nicht versäumen, all die Opfer von Umweltverschmutzung, arbeitsbedingtem Alkoholismus und Drogenabhängigkeit zu zählen. Hier werden Leute gekillt in wenigstens sechsstelliger Zahl, allein um den Überlebenden Big Macs und Cadillacs zu verkaufen!«

Der Schuhmacher oder Tischler ehrte sein Handwerk. Und Werftarbeiter konnten noch stolz darauf sein, das prächtige Schiff vom Stapel laufen zu sehen, das sie selbst gebaut hatten. Dieses Gefühl von Nützlichkeit gibt es in 95% aller Jobs nicht mehr. Der »Dienstleistungs«sektor beschäftigt nur Dienstboten und Computeranhängsel, die keinen Grund haben, stolz zu sein. Selbst ein Arzt fungiert nur noch als Handelsvertreter der pharmazeutischen Konzerne. Wer kann von sich noch behaupten, er mache sich nützlich? Entscheidend ist nicht mehr, wozu etwas nützt, sondern wieviel man damit verdienen kann. Alleiniges Ziel jeder einzelnen

Arbeit ist, den Gewinn des Unternehmens zu steigern, und ebenso ist auch die alleinige Beziehung des Arbeiters zu seiner Arbeit sein Gehalt.

Gerade deshalb, weil Geld das Ziel ist und nicht gesellschaftlicher Nutzen, existiert Arbeitslosigkeit. Vollbeschäftigung bedeutet ökonomische Krise, Arbeitslosigkeit bedeutet gesunder Markt. Was passiert, wenn ein Konzern ankündigt, daß er so und so viele Arbeitsplätze vernichtet? Alle Börsenspekulanten loben seine Sanierungstrategie, die Aktien steigen, und bald darauf wird die Bilanz die entsprechenden Gewinne aufweisen. Auf diese Weise schaffen die Arbeitslosen mehr Profit als ihre Ex-Kollegen. Logischerweise müßte man also dem Arbeitslosen dafür danken, daß er wie kein anderer das Wachstum fördert. Stattdessen kriegt er nicht einen Furz des Gewinns ab, den er selber schafft. Der Glückliche Arbeitslose ist der Meinung, daß er für seine Nicht-Arbeit entlohnt werden muß.

Hier können wir uns auf Kasimir Malewitsch, den Maler des »schwarzen Quadrats auf weißem Grund«, beziehen. 1921 schrieb er in seinem Buch »Faulheit – eigentliche Wahrheit der Menschen«, das erst vor zwei Jahren auf Russisch veröffentlicht wurde: »Das Geld ist nichts als ein kleines Stück Faulheit. Je mehr man davon hat, desto ausgiebiger wird man die Glückseligkeit der Faulheit kennenlernen. – Im Kapitalismus ist die Arbeit auf eine Weise organisiert, die den Zugang zur Faulheit nicht allen Menschen gleichermaßen ermöglicht: Genießen kann die Faulheit nur, wer durch Kapital abgesichert ist. So hat sich die Klasse der Kapitalisten von dieser Arbeit befreit, von der sich die gesamte Menschheit befreien muß.«

Wenn der Arbeitslose unglücklich ist, so liegt das nicht daran, daß er keine Arbeit hat, sondern daß er kein Geld hat. Also sollten wir nicht mehr von »arbeitslos«, sondern von »geldlos«, nicht mehr von »Arbeitssuchenden«, sondern von »Geldsuchenden« reden, um die

Dinge klarer zu stellen[*]. Wie wir sehen werden, bietet der Glückliche Arbeitslose an, diesen Mangel durch die Suche nach unklaren Ressourcen auszugleichen.

Man rechne einmal nach, wieviel Geld insgesamt von den Steuerzahlern und Betrieben »für Arbeitslosigkeit« offiziell ausgegeben wird, und dividiere durch die Zahl der Arbeitslosen: Na, da sind eindeutig mehr Nullen dran, als wir auf unseren Konten finden, nicht wahr? Ausgegeben wird nicht hauptsächlich für den Wohlstand der Arbeitslosen, sondern für seine schikanöse Kontrolle, durch zwecklose Termine, sogenannte »Um-, Aus-, Fortbildungsprogramme«, die nirgendwoher kommen und nirgendwohin führen, Scheinbeschäftigungen für einen Scheinlohn – um die Statistiken künstlich herunterzudrücken. Also nur, um ein wirtschaftliches Trugbild aufrecht zu erhalten.

Unser erster konkreter Vorschlag ist sofort umsetzbar: Die Beendigung aller Kontrollmaßnahmen gegen Arbeitslose, Schließung sämtlicher Statistik- und Propagandabüros (das wäre unser Beitrag zum Sparpaket) und automatische, unbefristete Zahlung der Unterstützung inklusive der gesparten Summen.

Die jüngsten konservativen Auswüchse lauten, die Arbeitslosen seien von Vater Staat abhängig, sie lägen ihm auf der Tasche, seien dadurch unfähig, auf eigenen Füßen zu stehen, und so weiter und so fort. Nun, soweit wir wissen, existiert der Staat immer noch und kassiert auch Steuern. Deshalb sehen wir keinen Grund, weshalb wir auf seine Unterstützung verzichten sollten. Aber staatsfixiert sind wir nicht. Unseretwegen mag das Ein-

---

[*] Bereits in den zwanziger Jahren schrieb L. von Mises: »Es ist noch niemandem aufgefallen, daß Lohnmangel ein besserer Ausdruck wäre als Beschäftigungsmangel, denn was der Arbeitslose vermißt, ist nicht die Arbeit, sondern die Entlohnung der Arbeit.«

kommen der Glücklichen Arbeitslosigkeit sehr wohl vom privaten Sektor finanziert werden, sei es durch Sponsoring, Adoption, extra Kapitalertragssteuer oder Erpressung. Wir sind nicht wählerisch.

Wenn der Arbeitslose unglücklich ist, dann liegt das auch daran, daß der einzige gesellschaftliche Wert, den er kennt, die Arbeit ist. Er hat nichts mehr zu tun, er langweilt sich, er hat keine Kontakte mehr, da ja die Arbeit oft auch einzige Kontaktmöglichkeit ist, das gleiche gilt übrigens auch für Rentner. Der Grund dieser existentiellen Misere ist natürlich die Arbeit und nicht die Arbeitslosigkeit. Der Glückliche Arbeitslose weiht neue gesellschaftliche Werte ein, auch wenn er nichts anderes schafft. Er entwickelt die Kontakte mit einem Haufen sympathischer Menschen. Er ist sogar bereit, Resozialisierungskurse für gekündigte Arbeitnehmer zu geben.

Immerhin verfügen alle Arbeitslose über eine preiswerte Sache: Zeit. Das könnte ein historisches Glück sein, die Möglichkeit, ein vernünftiges, sinn- und freudvolles Leben zu führen. Man kann unser Ziel als eine Zurückeroberung der Zeit kennzeichnen. Dabei ist der Glückliche Arbeitslose ein aktiver Mensch. Gerade deshalb hat er keine Zeit zu arbeiten. Jaques Mesrine, einst »Staatsfeind Nr.1« Frankreichs und Verfasser des Buches »Der Todestrieb«, hatte sich entschieden: »Wenn ich 6 Uhr morgens Lust hatte zu vögeln, wollte ich mir Zeit dafür nehmen, ohne auf die Uhr zu gucken. Ich wollte ohne Uhr leben, denn mit der Zeitmessung kam der erste Zwang in das Leben der Menschen. Die gängigen Sätze des täglichen Lebens klingelten mir im Kopf: ›Keine Zeit, um‹, ›Zur rechten Zeit kommen‹, ›Zeit gewinnen‹, ›Seine Zeit verlieren‹. Ich aber wollte ›die Zeit haben zu leben‹ und die einzige Möglichkeit, das zu schaffen, ist, nicht Sklave der Zeit zu sein. Ich wußte, wie irrationell meine Theorie war und daß man mit ihr keine Gesellschaft bilden konnte. Aber was war das schon für eine

Gesellschaft mit ihren schönen Prinzipien und Gesetzen!«

Es wurde uns erwidert, der Glückliche Arbeitslose sei
nur arbeitslos im Sinne des heutzutage üblichen Ge-
brauchs des Wortes »Arbeit«, also »Lohnarbeit«. Dazu
müssen wir ausdrücklich sagen, daß der Glückliche
Arbeitslose zwar keine Lohnarbeit sucht, doch sucht er
auch keine Sklavenarbeit. Und es gibt, soweit wir wissen, nur zwei Arten von Arbeit: Sklaven- und Lohnarbeit. Gewiß gibt's auch Studenten, Künstler und andere
Wichtigtuer, die kein Papier schreiben und keinen Napf
lecken können, ohne zu behaupten, sie leisteten eine
wichtige »Arbeit«. Sogar die sog. »Autonomen« können
kein antikapitalistisches »Seminar« organisieren, ohne
»produktive Debatten« in »Arbeitsgruppen« zu führen.
Armselige Worte für armselige Gedanken.

Nicht nur im heutigen Sinne ist »Arbeit« ein trauriges
Wort. Sie ist es immer gewesen: Arbeit ist wahrscheinlich eine Bildung zu einem im germanischen Sprachbe-
reich untergegangenen Verb mit der Bedeutung »ver-
waist sein, ein zu schwerer körperlicher Arbeit verding-
tes Kind sein«, das vom indogermanischen *orbho-s,
»Waise«, abgeleitet ist. Bis in das Neuhochdeutsche
hinein bedeutet Arbeit: »Mühsal, Plage, unwürdige Tätigkeit«. In dem Sinne ist also »Glückliche Arbeitslosigkeit« sogar ein Pleonasmus. In den romanischen Spra-
chen ist die Sache noch eindeutiger, da »travail«, »traba-
jo« usw. von dem lateinischen »tripalium«, einem drei-
spitzigen Folterinstrument, das gegen die Sklaven ange-
wendet wurde, abgeleitet ist. Den sittlichen Wert der
Arbeit als Beruf des Menschen in der Welt hat Luther
geprägt. Zitat: »Der Mensch ist zur Arbeit geboren wie
der Vogel zum Fliegen.« Man könnte sagen, die Frage
der Wortwahl sei ohne Bedeutung. Aber die Folgen blieben nicht aus, verwechselte man das Wort »Getränk«
mit »Coca Cola«, das Wort »Kultur« mit »Lutz Rathe-
now« oder gar »Tätigkeit« mit »Arbeit«.

38

Sobald man von Arbeit oder Arbeitslosigkeit redet, hat man es mit moralischen Kategorien zu tun. Diese Tendenz spitzt sich gegenwärtig zu, man braucht nur eine Zeitung zu lesen, um sich darüber klar zu werden. »Ein Machtwechsel zwischen zwei Weltanschauungen hat stattgefunden«, so ein Sozialexperte in Washington. »Statt Armut als Konsequenz ökonomischer Ursachen zu sehen, dominiert nun jene Denkschule, die Armut als Folge moralischen Fehlverhaltens sieht.«

Wie damals auch, als die Priester ihr Seelenmonopol bedroht sahen, ist die Moral nur dazu da, die sich ausweitenden Risse zwischen Weltanschauung und Realität zu flicken. Wer zu einem Arbeitslosen sagt: »Du hast gesündigt«, erwartet, daß dieser die Kategorie »Sünde« anerkennt und entweder »ja« oder »nein« sagt. Weinerliche Versuche, das Mitleid dieser Welt zu erregen, erregen höchstens Mitleid. Nur ein erhabenes Lachen kann Moral ernsthaft außer Kraft setzen.

Es ist offensichtlich, daß Paul Lafargue, der Autor von »Das Recht auf Faulheit«, ein historisches Vorbild des Glücklichen Arbeitslosen ist. »Die Nationalökonomen werden nicht müde, den Arbeitern zuzurufen: Arbeitet, damit der Nationalreichtum wachse! Und doch war es einer der ihrigen, Destutt de Tracy, der da sagte: ›Die armen Nationen sind es, wo das Volk sich wohlbefindet, bei den reichen Nationen ist es gewöhnlich arm.‹ Aber von ihrem eigenen Gekrächz betäubt und idiotisiert, erwidern die Ökonomen: ›Arbeitet, arbeitet, Proletarier, vermehrt den Nationalreichtum und damit euer persönliches Elend. Arbeitet, um, immer ärmer geworden, noch mehr Ursache zu haben, zu arbeiten und elend zu sein.‹«

Jedoch fordern wir nicht ein Recht auf Faulheit. Faulheit ist nur die Kehrseite vom Fleiß. Wo Arbeit nicht anerkannt wird, verliert auch Faulheit ihren Sinn. Kein Laster ohne Tugend.

Seit Lafargues Zeiten ist klar geworden, daß die dem Arbeiter zugestandene »Freizeit« meistens noch langweiliger ist als die Arbeit selbst. Deshalb kann es nicht nur darum gehen, die Arbeitszeit zu verkürzen und die Freizeit zu verlängern.

In Spanien sollte vor kurzem die Siesta unter dem Vorwand verboten werden, sie würde den europäischen Markt gefährden. Wir solidarisieren uns 100%ig mit jenen spanischen Arbeitern, die daraufhin meinten, die EG sollte lieber die »Euro-Siesta einführen«.

Der Glückliche Arbeitslose, das sollte klar sein, unterstützt nicht die Partisanen der Kurzzeit, die denken, alles wäre zum Besten, wenn jeder seine Arbeit behielte, aber nur 5, 3 oder 2 Stunden täglich arbeiten würde. Was ist das für eine Wurstelei? Gucke ich auf die Uhr, wenn ich für meine Freunde ein Essen zubereite? Gucke ich, wieviel Zeit ich damit verbringe, diesen Scheißtext zu schreiben? Zählt man mit, wenn man liebt?

Das heißt aber nicht, daß die glückliche Arbeitslosigkeit eine neue Utopie ist. Utopie bedeutet »nicht existierender Ort«. Der Utopist entwirft die genauen Pläne einer angeblich idealen Konstruktion und erwartet, daß die Welt sich in diese Form gießt. Dagegen ist der Glückliche Arbeitslose eher ein Topist: er bastelt mit Orten und Sachen, die schon vorhanden sind. Er konstruiert kein System, sondern sucht nach allen Möglichkeiten, sein Umfeld zu verbessern.

Ein ehrenwerter Korrespondent schreibt uns: »Geht es dem Glücklichen Arbeitslosen um eine gesellschaftliche Anerkennung mit daraus resultierender finanzieller Absicherung ohne Vorbedingungen, oder geht es ihm um eine Revolutionierung des Systems mittels ungesetzlicher Aktionen, wie Stromzähler abklemmen? Die Verbindung beider Strategien erscheint zumindest nicht gerade logisch: Ich kann doch schlecht gesellschaftliche Akzeptanz fordern und gleichzeitig Gesetzesbrecher prämieren.«

Nun, der Glückliche Arbeitslose ist kein Fanatiker der Illegalität. In seinem Bestreben, Gutes zu tun, ist er sogar bereit, zu legalen Mitteln zu greifen. Außerdem: was heute ein Recht ist, war einst ein Verbrechen, das Streikrecht zum Beispiel. Und es kann immer wieder ein Verbrechen werden. Vor allem reden wir von gesellschaftlicher Anerkennung. Wir wenden uns nicht an den Staat oder offizielle Stellen, sondern an Otto Normalverbraucher.

Da hören wir schon den Chor der Klassenkampftheoretiker: »Das alles ist ein bloßes Ventilsystem, mit denen unbeschäftigte proletarische Sedimentierungen in einer illusorischen Nische zur Umwandlung der noch verbliebenen Lebensfunktionen angehalten werden, um die Widersprüche des Kapitalismus zu mildern. Die Glücklichen Arbeitslosen amüsieren sich, und währenddessen kann die Bourgeoisie unbekümmert ihre Gewinne vermehren. Verrat! Verrat!«

Jeder konkrete Schritt, ja jeder Atemzug kann als Anpassungsversuch verleumdet werden. Und gerade um die Möglichkeit zu Atmen geht es eben. Die klügste sozialkritische Theorie kann nur wenig helfen, solange ihr praktischer Ausgang lautet: »wait and see«.

Es ist uns bewußt, daß unser Versuch auf verschiedene Weisen scheitern kann. Er kann zum Beispiel als bloßer Witz enden, ein Schabernack ohne Folgen. Die originelle Idee kann aber auch unter Tonnen von betoniertem Ernst ersticken. Es kann auch passieren, daß ein Grüppchen von Arbeitslosen dermaßen erfolgreich wird, daß sie sich zu Glücklichen Geschäftsmenschen verwandeln, ohne jede Beziehung zu ihrem ursprünglichen Umfeld. Das sind Risiken, kein Schicksal. Nun stoßen wir den Ball an. Ob er schließlich im Tor landen wird oder nicht, hängt nicht nur von uns ab.

Es gibt im Moment mehrere Initiativen gegen Sozialabbau, gegen Neo-Liberalismus usw. Die Frage ist aber auch, wofür soll man sich erklären? Bestimmt nicht für den Wohlfahrtsstaat und die Vollbeschäftigung von einst, deren Wiedereinführung sowieso noch unwahrscheinlicher ist, als die der Dampflokomotive. Aber das Gegenbild könnte noch schrecklicher werden: Es ist vorstellbar, daß es den Arbeitslosen zugestanden würde, auf dem Brachland und den Mülldeponien der Postmodernität ihr Gemüse anzubauen und soziale Beziehungen selbst zu improvisieren, von High-Tech-Polizei fernüberwacht und von irgendeiner Mafia roh ausgebeutet, während die wohlhabende Minderheit unbekümmert weiter funktionieren würde. Die Glücklichen Arbeitslosen suchen einen Ausweg aus dieser Alternative des Schreckens. Auf das Prinzip kommt es an.

Ein Stichwort der herrschenden Propaganda heißt: Die Arbeitslosen seien ausgeschlossen, und zahlreiche Gutmenschen plädieren für ihre Wiedereingliederung in die Gesellschaft. Was das eigentlich heißt, erklärte ein Unesco-Humanist auf dem Kopenhagener »Sozialgipfel«: »Der erste Schritt zur sozialen Eingliederung ist, ausgebeutet zu werden.«

Danke für die Einladung!

Vor dreihundert Jahren guckten die Bauern neidisch das Schloß des Fürsten an. Mit Recht fühlten sie sich von seinem Reichtum, seiner Edelmuße, seinen Hofkünstlern und Kurtisanen ausgeschlossen. Nun, wer möchte gern wie ein gestreßter Manager leben, wer will sich den Kopf mit seinen sinnlosen Ziffernreihen vollstopfen, seine blondgefärbten Sekretärinnen ficken, seinen gefälschten Bordeaux trinken und an seinem Herzinfarkt verrecken? Von der herrschenden Abstraktion schließen wir uns freiwillig aus. Eine andere Art Eingliederung wünschen wir uns.

In armen Ländern gibt es Millionen von Menschen, die außerhalb des Kreislaufs der Marktwirtschaft leben müssen. Täglich berichten die Zeitungen über die Plage der sogenannten Dritten Welt, eine deprimierende Kette von Hungersnot, Diktatur, Krieg und Krankheiten. Dabei darf man nicht übersehen, daß gleichzeitig mit diesem (meist importierten) Elend auch eine andere

Wirklichkeit stattfindet: ein von vorkapitalistischen Traditionen unterstütztes, intensives soziales Leben. Im Vergleich dazu sieht die westliche Gesellschaft so gut wie tot aus. Dort wird die Arbeit des weißen Mannes verachtet, weil sie kein Ende kennt – im Gegensatz zum Beispiel zu jenen somalischen Handwerkern, deren Gewinne in einem jährlichen Fest verjuxt werden. Je niedriger das Bruttosozialprodukt, desto größer die Fähigkeit der Menschen zu feiern.

Der Ethnologe Serge Latouche in »Der Planet der Schiffbrüchigen«: »Die Armen sind viel reicher als man denkt und als sie selber glauben. Die unglaubliche Lebensfreude, die viele Beobachter in afrikanischen Vorstädten beeindruckt, täuscht weniger als die deprimierenden objektiven Berechnungen statistischer Apparate, die lediglich den verwestlichten Teil von Reichtum und Armut einschließen.«

Für Europäer besteht natürlich die Gefahr, Exotik zu betreiben. Aber die soziale Überlegenheit des armen Südens wird auch von Südländern selbst bestätigt. Der Ägypter Albert Cossery zum Beispiel in »Bettler und Stolze«: »In diesem Moment spiegelte sein Gesicht sämtliche irdische Kümmernisse wider. Doch dieser Zustand drängte sich ihm von Zeit zu Zeit nur auf, damit er den Glauben an seine Würde nicht verliere. Denn El Kordi dachte, Würde sei lediglich eine Folgeerscheinung von Unglück und Verzweiflung. Es war die Lektüre westlicher Bücher, die ihm den Geist derart verfälscht hatte.« Die Glücklichen Arbeitslosen haben von Afrika und anderen nichtwestlichen Kulturen viel zu lernen und zu verlernen. Natürlich geht es nicht darum, uralte soziale Gebräuche nachzuahmen, aber wir können uns inspirieren lassen. Auch Picasso und die Dadaisten fanden in der afrikanischen Kunst eine erfrischende Quelle von Kreativität.

Es sei hier nur ein Beispiel erwähnt: Vor ein paar Jahren untersuchten Soziologen das Leben der Bevölkerung eines Elendsviertels von Dakar, im Senegal. Sie stellten fest, daß das Einkommen einer durchschnittlichen zwölfköpfigen Familie das Siebenfache ihres »offiziellen« Einkommens beträgt. Nicht, daß die Leute das Wundermittel, Banknoten zu versiebenfachen, erfunden hätten, nur vermehren sie die Wirksamkeit des knappen Geldes durch einen intensiven Umlauf. Es ist unmöglich, in Afrika zu leben, ohne einer Gruppe, einer Sippe, einem Freundeskreis anzugehören. Innerhalb dieser Netze wird das Geld durch ein genau festgesetztes System von Geschenken, Spenden, Anlagen, Darlehen und Rückzahlungen in eine permanente Zirkulation gesetzt. Da die Möglichkeiten, eine größere Summe zu erhalten, in der Familie angehäuft sind, kann sie jederzeit über eine Geldmenge verfügen, die ohne Vergleich mit ihren kargen Ressourcen ist. Zudem ist dieser Geldverkehr nur ein Teil jener »Ökonomie der Gegenseitigkeit«, neben dem Austausch von allerlei Dienstleistungen, die Feten nicht zu vergessen, die die Gruppen zusammenhalten. Geld spielt bei alldem keine Rolle. Deshalb ist es unmöglich, irgendeinen »Lebensstandard« nach westlichem Muster zu messen.

Man stelle sich vor, dasselbe System wäre hier wirksam. Sozialhilfeempfänger würden dann 3500 DM pro Monat zu Verfügung haben, was nicht alle Probleme lösen, aber immerhin den Kohl fetter machen würde. Und noch dazu würden sie von Sachen profitieren, die Geld nicht kaufen kann. Die Frage: Wieviel Geld brauche ich, um richtig leben zu können, ist unzureichend. Wer über keine sozialen Verbindungen verfügt, wird nie genug Geld haben, um seine existentielle Not zu mildern. Der hiesige Sozialhilfeempfänger kennt zwar eine große Behinderung, da er sich auf keine Sippe und keinen Brauch stützen kann, alles muß erfunden werden. Aber immerhin hat er einen Vorteil: seine Lebensbedigungen sind nicht so harsch wie in Afrika.

Für die Glücklichen Arbeitslosen öffnet sich da ein

weites experimentelles Feld, das wir die »Suche nach unklaren Ressourcen« nennen.

Wie Sie jetzt vielleicht verstanden haben, ist unsere Muße sehr anspruchsvoll, theoretisch und praktisch, ernst und spielerisch, lokal und international (allein in Europa gibt es schon 20 Millionen virtuelle Glückliche Arbeitslose). Eines Tages werden Sie mit Stolz sagen können: Ich habe den Anfang miterlebt.

(Erstveröffentlichung: August 1996)

Stil(l)eben mit Kunstglied

»Auf der Straße wird man bald nur noch Künstler
sehen, und es wird mordsschwer sein, einen Menschen zu entdecken.«   *Arthur Cravan*, 1913

Was hat Kunst eigentlich mit Arbeitslosigkeit zu tun?
Schon diese Tatsache: Immer mehr Arbeitslose machen
Kunst, immer mehr Künstler werden arbeitslos. Menschen, die kurz- oder langzeitig erwerbslos sind, versuchen, ihre freigewordene Zeit zu nutzen und entdecken
unvermutete Begabungen. Sie können malen, schreiben,
surfen, Musik spielen oder was auch immer. Außerdem
ist es für ihr Sozialprestige günstiger, statt »Ich habe
keinen Job« zu sagen: »Im Moment arbeite ich an einem
künstlerischen Projekt.« Währenddessen werden die
Nischen, die bislang den »wahren« Künstlern einen Lebensunterhalt mehr oder weniger garantierten, allmählich vernichtet. Öffentliche Gelder werden immer knap-
per und Räumlichkeiten teurer, Sponsoring wird besteuert usw. Folglich werden Sozial- und Arbeitsämter zu
wichtigen Stationen der Postmoderne. Aus dieser pa-
rallelen Entwicklung formiert sich erneut, was das Bür-
gertum »Boheme« nennt, diesmal aber nicht mehr am
Rande, sondern im Zentrum der Gesellschaft. Die Grenze zwischen Stino und Außenseiter verwischt. Alle Hoffnungen sind also erlaubt.
    Jedoch hat bisher diese neue Tatsache ungenügend
Ausdruck gefunden. Wenn Arbeitslose versuchen, Kunst
zu machen, wird das Ergebnis nicht unbedingt überzeu-
gend. Wenn Künstler versuchen, Arbeitslosigkeit zu
thematisieren, wird meistens das Resultat recht kata-

strophal: Banalitäten der gutgemeinten Betroffenheit, Klischees der ökonomischen Gehirnwäscherei, Idiotismen der Parteipolitik. Was versteckt sich hinter diesen toten Masken?

Das Entschwinden der Arbeit ist gleichzeitig ein Entschwinden der Kunst, so wie wir sie kennen. »Die Kunst ist tot«, sagten schon die Dadaisten. »Die Kunst ist tot«, wiederholten die Situationisten. »Alle wissen das, es ist schon lange nicht mehr interessant, darüber zu reden«, schreibt der Russe Nikolai Klimeniouk, »dennoch gibt es immer noch Künstler. Sie werden immer mehr. Was treiben sie eigentlich, wenn die Kunst schon lange tot ist?« Mit dem Handwerker (artisan) entstand der traditionelle Künstler (artiste) und mit ihm wurde er allmählich durch die Industrie ersetzt. Heutzutage gehört er eher zu der immer wachsenden Dienstleistungsbranche. Schließlich sind Jobs wie Schuhputzer oder Empfangssekretärin auch eine Art Performancekunst – nur schlechter bezahlt. Die Arbeit hat sich von ihrer materiellen Basis getrennt. Nicht nur Kohlen, Stahl oder Malerei werden erwirtschaftet, sondern hauptsächlich immaterielle Ressourcen, d.h. irgendwas, vorausgesetzt daß es jemand gibt, der es als kaufenswert erachtet. Diese exponentielle Abstraktion spiegelt die exponentielle Abstraktion des Kunstwerks an sich: das Geld. Nie wieder wird Onkel Dagobert genußvoll auf seinem Berg von Goldmünzen und Banknoten thronen; sie haben sich in unfaßbare Signale umgewandelt, die ständig in elektronischen Netzen wandern. Alles fließt, alles vergeht, nur die Polizei bleibt dort, wo sie war, vor allem in den Köpfen. Die Kunst ist die letzte Hochburg der Arbeitsmoral. Egal, wie »subversiv« er sein möchte, muß sich doch der Künstler verkaufen können, und die Konkurrenz ist so stark wie nie zuvor. Er muß von einer harten Welt ernstgenommen werden, die nur noch die Arbeit als positiven Wert anerkennt. Und das kommt ihm entgegen: Wer nicht »schöpferisch« ist, kann wenigstens behaupten, er sei »produktiv«. Wo kein »Werk« mehr möglich ist, kann man immer noch eine »Arbeit« leisten. Dazu kommt noch, daß die meisten heutigen Künstler Studenten gewesen sind, d.h. sie haben gelernt, ihre Professoren zu respektieren und ihre Welt ernstzunehmen. Und alle wissen eine Antwort. Wir werden mit Antworten vollgestopft. Antworten gibt es mehr als genug. Was noch fehlt, sind Fragen. Was gibt's Neues? Nur aufgewärmten Brei von vorgestern? Was kommt nach der Postmoderne? Fragen können nur dort entstehen, wo Gedanke, Sprache und Form sich fern von Leistungsdruck und Orthodoxie bewegen können. Zurück zu unserer Frage: Was hat Kunst mit Arbeitslosigkeit zu tun? Laut Thomas Kapielski: »Wenn Sport ein Bruder der Arbeit ist, dann ist Kunst eine Cousine der Arbeitslosigkeit.« Genauso wie der Künstler sagt: »Was ich tue ist deshalb Kunst, weil ich es zu solcher erkläre«, sagt der Glückliche Arbeitslose: »Was ich tue (ja: ›tue‹ und nicht: ›produziere‹ und nicht einmal: ›mache‹) ist deshalb gemeinnützig, weil ich es dazu erkläre.« Wie der Künstler betrachtet der Glückliche Arbeitslose jedes Einmischen des Staates oder des Markts in seine Existenz als einen intolerablen Angriff gegen seine Handlungsfreiheit. Sowohl in der Kunst als auch auf der Suche nach unklaren Ressourcen kann Subversion nur die Subversion des Tauschwertes bedeuten, ein Spiel mit der Entwertung von notwendig geglaubten Größen und der künstlichen Wertsteigerung von bisher ignorierten Qualitäten. Dada lebt! Wir wollen die Krise, in der Homo Oeconomicus steckt, zum Ausdruck bringen und sie damit beschleunigen. Mit allen möglichen und unmöglichen Mitteln. Ob diese Mittel noch als »Kunst« betrachtet werden dürfen, ist letztendlich gleichgültig.

Die Glücklichen Arbeitslosen
Abteilung der Kontraproduktivitätssteigerung
(Flugblatt anläßlich der Ausstellung »ceterum censeo« im Berliner Marstall, Oktober 1998)

Bündnis für Simulation:
Ihr tut, als ob ihr Arbeitsplätze schafft, wir, als ob wir arbeiten

Diese Ausgabe vom *müßiggangster* erscheint später als gedacht, und dies hat aktuelle Gründe: In den letzten Monaten wurden die meisten von uns in Maßnahmen gefangen, also gezwungen, einige Monate ihres Lebens für die Fiktion der Arbeit zu opfern. Ihr kennt das schon: Für irgendein »Projekt« macht die eine ein paar Stunden »Telefondienst« pro Tag (nur für den Fall, daß das Arbeitsamt anruft), während der andere sich »umschulen« läßt – d.h. sich mit Multimedia vergnügt in der Erwartung, weiter Arbeitslosengeld zu erhalten. Man mag wohl denken: »für mich ist es noch das kleinere Übel«, doch in dieser Zwischenzeit müssen die eigenen Lebensziele wieder in die Privatsphäre untertauchen. Während Arbeitslose auf diese Art beschäftigt sind, gehen sie nicht auf die Straße. Die Scheinwelt wird bewahrt.

Nach wie vor wird behauptet, das menschliche Leben teile sich in ein »Reich der Notwendigkeit« (der Arbeit) und ein »Reich der Freiheit« (der sog. Freizeit). Doch worum es hier geht hat weder mit Notwendigkeit noch mit Freiheit zu tun, sondern mit blanker Vortäuschung – ein Reich der Simulation. Trotz alledem ist die Fabrizierung von fiktiven Beschäftigungen aufwendig und zeitraubend: »Projekte« müssen glaubhaft definiert, Stellen beantragt und Gelder verwaltet werden. Was man tut und wie ist egal, was zählt ist, ob es aufgelistet, eingetragen und in einem Preis ausgedrückt wird. Mit welchem Endergebnis? Wie es die Leiterin einer gescheiterten ABM zum Ausdruck brachte: »Immerhin haben wir den Leuten ein bißchen Ordnung beigebracht. Sie haben wieder gelernt, früh aufzustehen.« Das nennt sich »Integration durch Arbeit«, eine Art »Eingliederung«, die ungefähr so erregend ist, wie virtueller Sex. Mit dieser Absurdität werden die Freunde des Müßiggangs umgehen müssen. Mehr als je lohnt es sich, die glückliche Arbeitslosigkeit zu verteidigen.

(Leitartikel des *müßiggangster* Nr. 2, Frühling 1999)

Krieg den Symptomen, Frieden den Ursachen!

Am Freitag, 21. November 1998 unternahmen über 230 Ermittler des Arbeitsamtes-Süd und der Polizei

> Sind die beiden Ämter schon so miteinander verquickt, daß der Anteil des einen und der anderen nicht mal präzisiert wird?

die bundesweit bisher größte Razzia gegen illegale Beschäftigung.

> Illegal ist es nicht, einen Armutslohn oder unzureichende Staatshilfe zu bekommen. Illegal ist es nur, beide zu kombinieren, um einigermaßen klarzukommen.

7 Stunden lang

> Wurden sie als Überstunden bezahlt, oder gab es Kopfgeld?

wurden in verschiedenen Berliner Bezirken 71 Lokale kontrolliert. Wie das Arbeitsamt-Süd am nächsten Montag mitteilte;

> Sie klauen auch noch den Job des Polizeisprechers!

wurden mehr als 340 Beschäftigte überprüft, von denen 40 Personen zu Unrecht Leistungen vom Arbeitsamt und weitere 51 Sozialhilfe bezogen hätten.

Dank der Polizei wird die Arbeitslosigkeit gründlich bekämpft...

Außerdem wurden 10 Personen, die sich illegal in Berlin aufhielten oder mit Haftbefehl gesucht wurden, festgenommen.

...und dank Arbeitsamtsangestellter in Zivil werden Ausländer abgeschoben und arme Leute eingelocht.

Das ist Arbeitsmarktpolitik mit Zukunft: In der nächsten Razzia werden dann die 91 Leute, deren Stütze dieser Razzia zufolge gestrichen wurde, als Verbrecher festgenommen (wie sollten sie sonst überleben, ohne Lohn und ohne Hilfe?) und werden im Gefängnis als Billigstlohn-Arbeitskräfte zur Verfügung stehen. Dieser Logik folgend müssen bald neue Knäste gebaut (eine gute Nachricht für die Bauindustrie) und Aufseher gesucht werden (da solche Jobs nicht rentabel sind, werden sie wahrscheinlich durch die Zwangsrekrutierung von Sozialhilfeempfängern geschaffen). Bis wir den idealen Zustand erreicht haben, wo die Hälfte der jetzigen Arbeitslosen im Knast sitzt, von der anderen Hälfte überwacht.

(Flugschrift, Anfang 1999)

Geldübergabegeräte

Geld ist wie Luft: man nimmt es erst wahr, wenn es knapp wird. Doch Wahrnehmen heißt nicht Verstehen. Wer kann schon behaupten, er hätte das Wesen des Geldes begriffen? Kapitalisten brauchen nicht weiter darüber nachzudenken, denn sie bestimmen den Geldumlauf. Und die Restbevölkerung hat keine Gelegenheit, darüber nachzudenken, denn ihr mühevolles Ringen nach monetärem Sauerstoff läßt ihnen keine Zeit dazu. Hinzu kommt die allgemeine ideologische Verwirrung: Wer geldfixiert ist, dem wird »Materialismus« vorgeworfen, obwohl Geld die Antimaterie schlechthin, eine metaphysische Entität, darstellt. Oder man behauptet, »endlich konkret« zu werden, wenn man anfängt, von Geld zu sprechen, während doch in Wahrheit von einer reinen Abstraktion die Rede ist. Und noch ein Paradox: Kein Mensch, ob Existenzgründer, Künstler oder Krimineller, bleibt von der Geldsuche verschont. Also könnte man annehmen, daß dieser gemeinsame Nenner eine zwischenmenschliche Verbindung herstellt. Doch das Gegenteil ist der Fall. Geld bewirkt die absolute Vereinzelung, vor ihm ist jeder nur eine einsame Monade. Anders ausgedrückt: Wir schwimmen in einem Ozean aus Geld, doch solange es Geld gibt, wird es nicht genug für alle geben. Und es ist gleichgültig, ob man das goldene Kalb selber anbetet oder dies als pervertierenden Glauben verpönt: Jeder macht mit, so oder so. Wir haben keine Wahl, also versuchen wir, den schnellsten und einfachsten Weg zum Geld zu finden.

Die polizeiliche Wortschöpfung »Geldübergabegerät« bezeichnete die vom Aktionskünstler Arno Funke (alias

Dagobert) liebevoll gebastelten Apparate, mittels derer er die von ihm erpreßten Kaufhausgelder ernten wollte. Der Begriff kann aber in seiner Eindeutigkeit auch zum vollkommenen Sinnbild der gesamtgesellschaftlichen Beschäftigungen erweitert werden: Ich stehe hier, Geld liegt irgendwo in der Ferne, also muß ich einen Mittler erfinden, der mir das Geld übergeben wird. Im Grunde genommen sind wir alle, wohl oder übel, mit dem Basteln von Geldübergabegeräten beschäftigt. Diese können auch immateriell sein, sie nennen sich dann »Projekte«. In Agenturen, Galerien, Läden, Kneipen und Ämtern, in Funktelefon- und Computernetzen wimmelt es nur so von Projekten. Etymologisch heißt ein Projekt machen: »etwas vorwärts werfen«. Doch wer sein Projekt vorwärts wirft, hofft schon, etwas zurückzubekommen, Knete natürlich. Bezogen auf diese Dynamik gibt es keinen Unterschied zwischen Erpresser und Projektemacher, zwischen Gauner und Unternehmer. Den Sammelbegriff für Geldübergabegeräte und sonstige Projekte nennen wir: Geldbeschaffungsmaßnahmen (GBM). Diese Bezeichnung ist moralisch neutral: Geld ist jenseits von Gut und Böse, so wie ethische Urteile jenseits von Geld sind. Nur kann festgestellt werden, daß bestimmte GBM zu ihrem Gelingen des Anscheins von Legalität oder Nützlichkeit bedürfen. Für Konzeptkünstler und gemeinnützige Vereine ist eine schlaue Benennung der erste Schritt zur Geldbeschaffung.

Wenn alles, was in dieser Gesellschaft unternommen wird, aus GBM besteht, woran liegt dann die Besonderheit einer Messe der GBM? Eben darin, daß sie sich zu einer solchen erklärt. Die Buchmesse, die Erotikmesse, die Kunstmesse, die Waffenmesse: Sie alle sind nichts anderes als GBM. Nur verstecken sie sich hinter einem Vorwand, besser gesagt, einem Verkaufsargument. Wir behandeln die Sache selbst. Wer sich ohne Schonung oder Ausrede mit der wesentlichen Brutalität des Geldprozesses befaßt, kann andere Werte fördern, sei es einen Sinn für Ästhetik, für Philosophie oder für soziales Verhalten. Manche haben ihre Teilnahme an der GBM-Messe nicht ohne Vorbehalt zugesagt. Der Eine meinte, sein Ansatz sei weltverbessernd und menschenfreundlich, der Andere betonte, sein Ziel hieße nicht Geld, sondern Kommunikation. Das schlimmste, was dem Geldfetisch geschehen kann, ist, nicht mehr ernst genommen zu werden. Andererseits kann es einem wohl unheimlich vorkommen, daß die Geldbeschaffung widerstandslos als Unterhaltungsgegenstand hingenommen wird. Die Organisation dieser Messe war ein Testversuch: Inwieweit ist es heutzutage möglich, solche Gedanken ohne Umschweife in die Praxis umzusetzen? Ich ging zu allen möglichen Leuten und bat um Unterstützung oder Zusammenarbeit mit einem einzigen Argument: »Ihr betreibt sowieso nichts anderes als GBM.« Vor ein paar Jahrzehnten wäre mir zweifelsohne gleich die Tür gewiesen worden. Doch jetzt wurde diese Feststellung ohne Zögern und ohne weitere Frage, ja mit einer gewissen Erleichterung hingenommen: »Klar, Geldbeschaffungsmaßnahmen, wir machen mit.«

Vielleicht wird dieses Unternehmen als ein weiterer Fall des postmodernen Zynismus betrachtet werden. Man darf alles entblößen, sich über alles lustig machen, gerade weil nichts mehr wichtig oder gefährdend ist. Doch wer sich über den Verfall der sozialen Werte aufregt, sollte nicht die Zeugen dieses Verfalls anklagen, sondern die ungeheuerlichen Umstände, unter denen wir existieren. Wie ein vergessener Dichter einst behauptete: »Die Kritik hat die imaginären Blumen an der Kette zerpflückt, nicht damit der Mensch die phantasielose, trostlose Kette trage, sondern damit er die Kette abwerfe und die lebendige Blume breche.« Das Rätsel muß gelöst werden. Geld gehört abgeschafft.

Guillaume Paoli

(Veröffentlicht in der *FAZ*, Berliner Seiten, 14.10.1999, anläßlich der Eröffnung der 1. Messe der Geldbeschaffungsmaßnahmen.)

Das latente Manifest

Folgender Vortrag wurde am 18.5.2001 an der Berliner Volks-
bühne von einem Tonträger vorgespielt, während der geladene
Redner sich neben dem vorbereiteten Pult auf einem blauen
Luftbett räkelte.

Off-Stimme:
   Punkt 1. Die Volksbühne verpflichtet den Vertragspartner für einen Vortrag im Rahmen des Themenwo-
chenendes »Recht auf Faulheit – Zukunft der Nichtarbeit« am 18.5.2001.
   Punkt 2. Die Volksbühne zahlt für den Vortrag ein Ho-
norar in Höhe von 500,- DM brutto. Hiermit sind alle
Forderungen des Vertragspartners – einschließlich evtl.
Zahlungen von Tantiemen sowie Leistungsschutzrechte
– abgegolten.
   Punkt 5. Wird die Veranstaltung als Folge höherer Gewalt oder anderer Umstände, die keine der Vertrags-
parteien zu vertreten hat, unmöglich, so sind beide Ver-
tragsparteien von ihren Leistungspflichten befreit, und
jede Vertragspartei trägt selbst die bis dahin entstandenen Kosten. Bei schuldhaftem Vertragsbruch trägt die
schuldhafte Vertragspartei alle entstehenden Kosten.

(1 Minute 30 Sekunden Schweigen)

Seid Ihr wirklich so sicher, daß Arbeitslose nicht strei-
ken können?

(30 Sekunden Schweigen)

56

Seitdem sie in die Öffentlichkeit getreten sind, haben die Glücklichen Arbeitslosen mehr Angebote bekommen, als sich Arbeitsuchende erträumen können. Mühelos hätten wir als Faulenzersprecher, Helden des Nicht-Tuns oder Arbeitslosenstars eine fette Karriere machen können. Dies beweist zum einen, daß das Gerede über ehrliche Arbeit als einziger Zugang zu gesellschaftlicher Anerkennung Quatsch ist. Wußten wir schon. Zum zweiten zeigt sich, daß selbst die hartnäckigste Arbeitsverweigerung als neue Arbeitsquelle funktionstüchtig gemacht und somit neutralisiert werden kann. Selbstverständlich sind wir viel zu eitel, um auf diese vulgäre Weise berühmt werden zu wollen. Also ist etwas Enthaltsamkeit vonnöten. Ein Müßiggänger genießt und schweigt.

(1 Minute Schweigen)

Sie haben den Wecker, wir haben die Zeit.

(30 Sekunden Schweigen)

Der glückliche Arbeitslose hat deswegen ein Marktpotential, weil er eine Sehnsucht verkörpert, die sich zunehmend ausbreitet. »Heute mache ich, was ich am liebsten tue: Nichts«, sagt der Franzose aus der Gauloises-Werbung. »Niemand ist durch Arbeit reich geworden«, ergänzt der Werbespot irgendeiner Bank. »Wo sind die Leidenschaften, wo das Glück?« klagt Guido Westerwelle, der jede Nacht von Muße träumt. Doch die Muße ist eine anspruchsvolle Dame, die sich natürlich mit so einem neoliberalen Leistungsträger nie einlassen würde. Gebraucht wird ein Bild von dem, was auf dem generalisierten Markt nicht vorhanden ist.

Daß sich Sozialneid nun auf die niedrigere Einkommensklasse richtet, sagt übrigens einiges über die wunderbaren Leistungen der gegenwärtigen Gesellschaft.

Dazu schreibt eine Meinungsredakteurin der *taz*: »Als Sehnsucht bestätigt die Muße den Wert der Arbeit. Als Praxis würde sie ihn zerstören; nach Jahrhunderten der kapitalistischen Erziehung kann sich dies niemand vorstellen.« Du scheinst sehr wohlerzogen zu sein, meine Süße. Doch allein in den Büros, wo du dich verdingst, ist eine solche Vorstellung undenkbar.

(1 Minute Schweigen)

Wie die Liebe läßt sich die Muße nicht erklären, sondern lediglich vergegenwärtigen.

(30 Sekunden Schweigen)

Sei es in der Internet-Branche, den übrigen Medien, der Kultur, der Politik oder der Werbeindustrie, was hauptsächlich produziert wird, ist heiße Luft. Jegliche Weigerung mitzumachen, ist ein positiver Beitrag gegen die drohende Klimakatastrophe.

(30 Sekunden Schweigen)

Allerdings sollte man keiner Arbeitskritik trauen, die nach Praktikantenschweiß riecht.

(1 Minute Schweigen)

Zurecht gehört ein solches Thema zum Theater. Im vorigen Akt hatte der Bundesgaukler die Halbierung der Arbeitslosenzahl versprochen. Nun hätte er am liebsten vor dem nächsten Wahltermin jeden Arbeitslosen in zwei Hälften zersägt, doch für solche Hardcore-Szenen ist das deutsche Publikum noch nicht reif genug. Also muß mit neuen Regelungen getrickst werden. Wer mehr als einmal im Monat das Wort »Frühstück« ausspricht oder aber fünfzehn Stunden Topfschlagen nicht vorwei-

sen kann, wird aus der Statistik gestrichen. Langzeitarbeitslose werden zu Arbeitsberatern für Kurzzeitar-
beitslose ausgebildet, oder umgekehrt. Was an Stütze
gestrichen wird, wird sinnvoll in Kontrollmaßnahmen
und Subventionierung von Pseudojobs gesetzt. So wird
die Illusion einer effizienten Wirtschaftspolitik aufrechterhalten. Eine gelungene Inszenierung.

(30 Sekunden Schweigen)

Nebst einer solchen Hanswurstpolitik werden auch
soziale Proteste karnevalisiert. Was nicht in der Straße
und den entsprechenden Ämtern stattfindet, wird im
Internet oder auf der Bühne vorgetragen. Unterhal-
tungskunst mit subversivem Flair ist zum tragenden
Sektor der Freizeitbranche avanciert. Damit werden
auch Arbeitsplätze geschaffen. Soll das heißen, daß alles
nun zum gleichen Spektakel gehört? Nein, die eigentliche Verschwörung findet doch statt, bloß woanders, weit
vom Rampenlicht entfernt. Mehr dazu werdet ihr heute
abend nicht erfahren.

(Mehr Schweigen)

Berliner Modell

Eine ruhige Hand nützt nichts, wenn der Kopf wirr ist. In den letzten sechs Jahren haben die Glücklichen Arbeitslosen genügend konkrete Maßnahmen zur vollständigen Beseitigung der Arbeitslosigkeitsfrage vorgeschlagen. Doch davon wollte Rotgrün nichts wissen. Statt dessen werden jetzt wieder kostspielige Modelle angestrebt, die nur der Propaganda dienen. Hier folgt eine (unvollständige) Auflistung der verpaßten Gelegenheiten.

Die Notwendigkeit von drastischen Sparmaßnahmen hatten wir sehr früh erkannt und unseren Beitrag dazu öffentlich gemacht: die Abschaffung der Arbeitsämter. Diese Stasi-Nachfolgebehörde ist viel zu teuer und leistet nichts außer bürokratischen Schikanen. Bekanntlich hat noch niemand eine ehrenhafte Stelle über das Arbeitsamt bekommen, sondern nur sinnlose Termine, Pseudojobs, Drohungen und Ärger. Ebenso könnten wir uns die aufwendige Statistikschönung und den peinlichen, monatlichen Auftritt des Herrn Jagoda sparen. Mit der eingesparten Summe wäre es dann möglich, eine angemessene, bedingungslose Entlohnung der Nichtarbeitenden zu sichern[*].

[*] Kurz darauf wurde die Statistikfälschung öffentlich zugegeben und Jagoda in den Ruhestand geschickt. Zu diesem Anlaß wurden Zahlen genannt. Jährlich werden 50 Milliarden für Pseudomaßnahmen und Leistungen ausgegeben; hinzu kommen 20 Milliarden allein für die interne Verwaltung der Arbeitsämter. Dividiert man diese Summe durch die (wirklichkeitsnähere) Zahl von 5 Millionen Erwerbslosen, dann würde theoretisch ein jeder monatlich 1166 Euro beziehen können.

Und wenn das Geld dafür noch nicht reicht? Die aktuelle Regierungskampagne »Sauft für den Frieden, raucht gegen den Terror!« (gemeint ist natürlich die jüngste Alkohol- und Tabaksteuer) weist den richtigen Weg. Sowohl ethisch als auch politisch wäre zum Beispiel eine Automatensteuer durchaus vertretbar. Schließlich sind es Geld-, Kondom- Fahrschein- und sonstige Automaten, die zig Arbeitsplätze wegnehmen. Daß Maschinen all das machen, was früher Menschen tun mußten, ist begrüßenswert. Nun sollten sie auch Steuern zahlen, um den arbeitslos gewordenen Menschen ein glückliches Dasein zu ermöglichen. Automaten sind die wahren Schwarzarbeiter in diesem Land, und die Polizei schaut weg!

Um Klarheit in die Programmatik und Effektivität in die Praxis zu bringen, hatten wir schon im letzten Wahljahr vorgeschlagen, das heuchlerische »Bündnis für Arbeit« durch ein »Bündnis für Simulation« zu ersetzen. Ein eindeutiger Deal: Ihr tut, als ob Ihr Arbeitsplätze schafft, wir, als ob wir arbeiten. Dabei hofften wir natürlich nicht, den Grundwiderspruch zwischen simulierenden Kräften und Simulationsmitteln zu lösen. Aber ein Recht auf Mitvortäuschung für Teilzeitsimulanten, Scheinbeschäftigte und sonstige Angestellte im fiktiven Sektor ist längst fällig. Nur wollen die rückständigen Gewerkschaften die neue Realität partout nicht erkennen.

(Öffentliche Erklärung, 18.1.2002)

Ohnemich-AG
Für einen gesellschaftlichen
Mißtrauensantrag

Allem Anschein nach ist die Benutzeroberfläche der Gesellschaft aus althergebrachten Diskursen und Ritualen gewoben, die die wirkliche Entwicklung nur verschleiern. Stets werden Sprüche wiederholt, die keiner mehr glaubt. Die tiefen Tendenzen der Gegenwart erscheinen nicht. Es ließen sich zahlreiche Beispiele dafür erwähnen, bloß wollen wir uns hier auf das Hauptthema des aktuellen Wahlkampfs beschränken, nämlich die angekündigte Reform des Arbeitsmarktes. Denn vor all den brennenden Fragen, die es in einer echten Demokratie verdienen würden, zur Debatte zu stehen, scheint nur noch diese die Wahlentscheidung zu bestimmen (von der Frisur beider Kandidaten abgesehen, natürlich). In der beschleunigten Gesellschaft sind vier Jahre so lang wie die Ewigkeit, doch einige wissen noch, daß Helmut Kohl wegen seines Versagens, Landschaften blühen zu lassen, abgewählt wurde (dies, obwohl seine Regierung es kurz vor der Wahl ganz sozialistisch ABM-Stellen regnen ließ). Und wir erinnern uns auch flüchtig, daß Gerhard Schröder sich dank des Versprechens wählen ließ, er würde die Zahl der Arbeitslosen halbieren. Nun, niemand wird ihm heute vorwerfen, er habe sein Ziel verfehlt, denn als er das versprach, glaubte ihm sowieso keiner. Aber gerade darin liegt der entscheidende Punkt: an dieser ständigen Beschwörung von Chimären, dieser Sinnentleerung des öffentlichen Diskurses, dieser generellen Verachtung. Die Würde des Regierenden ist unauffindbar.

In den letzten Jahren hatten die Glücklichen Arbeitslosen manchmal Gelegenheit, ihre Thesen vor Gewerkschaftlern, Unternehmern, Akademikern oder sonstigen Mittelständlern zu vertreten. Selbstverständlich riefen manche Inhalte und vor allem die ironische Form unserer Aussagen keine uneingeschränkte Zustimmung hervor. Dazu waren sie auch nicht da. Dennoch wurde uns in den anschließenden Gesprächen fast immer in zwei Punkten recht gegeben. Erstens: Es ist illusionär, mit einer Beseitigung der Arbeitslosigkeit zu rechnen, mit welcher Politik auch immer und ganz gleich, wie die wirtschaftliche Konjunktur aussieht. Der zweite Punkt: Es ist infam, Arbeitslose für diese strukturelle Entwicklung schuldig zu machen und die Rechnung der globalisierten Wirtschaft von den Schwächsten bezahlen zu lassen. Es war oft verblüffend zu erfahren, mit welcher Selbstverständlichkeit Demagogie und Verlogenheit in Sachen Arbeitsmarktpolitik in diesen gutsituierten Kreisen zugegeben wurden. Weit entfernt von der glänzenden Zuversicht, die Entscheidungsträger vor den Kameras vorzuzeigen pflegen, war die Stimmung solcher Gespräche dumpfe Verlegenheit. Und deshalb wurden wir überhaupt eingeladen und erhört: Diese Leute haben einfach ein schlechtes Gewissen – was immerhin besser ist, als gar kein Gewissen zu haben. Manchmal bekommen wir auch private Botschaften von Entscheidungsträgern, die sich dafür bedanken, daß wir eine längst fällige Debatte angeregt haben. Auch sie wagen sich offenbar nicht, ihre wirkliche Meinung öffentlich auszusprechen und haben deswegen ihre heimliche Freude daran, daß andere es stellvertretend tun. Offenbar schenken viele von ihnen der eigenen Welt nur wenig Glauben.

Auf zahlreichen Tagungen und Kongressen zur »Zukunft der Arbeit« pflegen Hofsoziologen und sonstige autorisierte Experten sich für ein »radikales Umdenken« der Arbeitsideologie und eine »Grundsicherung für alle«

auszusprechen. Solche Lippenbekenntnisse kommen beim Publikum immer gut an. Doch offensichtlich werden sie nicht bis in die Regierungskreise getragen, wo diese Spezialisten sonst verkehren. Es sind bloß Beruhigungspillen für den aufgeklärten Mittelstand. Währenddessen kann sich der Sozialabbau ungestört fortsetzen. Bekanntlich wird nicht mittels des Feuilletons bürgerlicher Zeitungen regiert, sondern mittels *Bild*-Zeitung und Fernsehen. Und dort reichen populistische Sprüche gegen das »Recht auf Faulheit« und für die Ausrottung der Schmarotzer aus. Soweit bekannt hat sich keiner der »querdenkenden« Staatsintellektuellen erlaubt, gegen diese Demagogie Stellung zu nehmen. Das ist nicht weiter erstaunlich.

Erstaunlich ist hingegen, daß es offenbar noch CDU-Wähler gibt, die sich an christlich-demokratische Werte halten, und SPD-Wähler, die sozialdemokratische Ideale vertreten. Und Gewerkschafter, die sich Sorgen um Arbeitnehmerrechte machen. Und sogar Unternehmer, die das diffuse Gefühl haben, fürs Geschäft sei uneingeschränkter Egoismus mittelfristig schädlich. Es sind die Gruppen, die Technokraten gern »Bremser« nennen. Die rasanten Fahrer meinen, auf der Wirtschaftsautobahn ausreichend aufgeblendet zu haben. Nun träumen sie davon, alle langsameren Fahrzeuge an den Straßenrand zu katapultieren. Aber die »Bremser« sind noch da. Im mittleren und womöglich gar oberen Teil der Gesellschaft (der untere Teil ist hier nicht gefragt) scheint die angekündigte Modernisierung des Arbeitsmarkts keinen übermäßigen Enthusiasmus zu erwecken. Es herrscht eine gewisse Trägheit. So kann man zumindest feststellen, daß ein endgültiger Abschied von der alten »sozialen Marktwirtschaft« in Deutschland (im Gegensatz zu England) stets verzögert wurde.

Dabei wird keine Gegenstimme verlautbar. Warum? Unter anderem aufgrund des alten Vorurteils, Aberglaube sei für das Volk notwendig. Angeblich bräuchten sich

Arbeitslose nur an der Illusion festzuklammern, sie würden eine feste, gut bezahlte Stelle wiederbekommen. Die Kritik der Arbeitsideologie sei Luxus für Intellektuelle, für einfache Menschen hingegen sei die Zentralität der Erwerbsarbeit wie einst die Unfehlbarkeit der Kirche oder die Macht des Fürsten eine naturgegebene Tatsache. Lieber falsche Hoffnungen als Verzweiflung. Wer weiß, was passieren würde, wenn die Arbeitsbeschaffungslüge öffentlich platzte? Schließlich mehren sich schon Racheakte von gekündigten Arbeitnehmern oder von der Schule gewiesenen Schülern. Die innere Sicherheit verlangt nach Aufrechterhaltung der Heuchelei.

Da wir keine Soziologen sind, werden wir nicht behaupten, über die tatsächliche Stimmungslage an der Basis Bescheid zu wissen. Dennoch ist eines sicher: Es wird sich kaum noch jemand finden, der an eine Beseitigung der Arbeitslosigkeit glaubt. Zu viele Versprechen verderben den Brei. Meistens ist für Arbeitslose nicht die Gegenwart an sich das größte Problem (jahraus, jahrein lernt man sich zu arrangieren), sondern das Gefühl, am Rand des Abgrunds zu stehen. Die Zukunft droht. Mit einer generellen Verschlimmerung wird gerechnet. Jede neue Maßnahme, jede Zumutbarkeitsregel verschärft den Eindruck, im Begriff zu sein, von der Gesellschaft ausgespuckt zu werden. Wer spricht da von Konsens? Wir hören nur die Selbstbestätigung des industriell-medial-politischen Komplexes.

In Ämtern, Parks, Fitneßstudios, Imbißbuden und Bibliotheken kann man auf Arbeitslose treffen, auf Arbeitslosigkeit aber nicht. Der Existenzmodus von Arbeitslosigkeit ist kein direkt wahrnehmbarer, sondern ein statistischer. Diese Feststellung ist zwar banal, aber nicht belanglos: Sie ist Grund dafür, daß der Kampf gegen die Arbeitslosigkeit eigentlich ein Kampf gegen die Statistik ist. In der ganzen Welt unterscheiden sich die verschiedenen Varianten der Arbeitsmarktpolitik bloß durch verschiedene Tricks und Maßnahmen der Statistikschonung, wobei die einfachste Variante sicherlich die sozialistische bleibt, nämlich gar keine Statistik darüber zu führen, um das Problem für nicht existent zu erklären. Es gibt auch elaborierte Alternativen wie das sogenannte niederländische Modell. Seit Jahren werden den »reformscheuen« Deutschen die Niederlande mit ihrer Arbeitslosenquote von fabelhaften 1,9% als Musterbeispiel vorgehalten. Nun, fabelhaft ist die Quote im wahrsten Sinne des Wortes, denn nicht in Betracht gezogen werden dabei achthunderttausend sogenannte »Arbeitsunfähige« – es sind 10% der Bevölkerung im Erwerbsalter! Um die Zahl der Arbeitslosen zu senken muß die Zahl der Arbeitsunfähigen gehoben werden, so einfach geht das.

Unter den bestehenden Umständen kommen grundsätzlich nur zwei Optionen der Arbeitslosigkeitsbekämpfung in Betracht. Entweder werden Arbeitslose in staatlich geförderter Jobsimulation geparkt und zu »Arbeitsmannequins« gemacht (die Zuckerbrot-Variante, ganz egal, ob die Betroffenen Zuckerbrot mögen oder nicht), oder sie werden als überflüssige Elemente behandelt, die an ihrer Situation allein schuld sind, und zu Obdachlosigkeit und Elend verdammt (die Peitsche-Variante). In der neoliberalen Optik ist die Zuckerbrot-Option zu teuer. Dagegen widerspricht die reine Peitsche-Option (noch) zu sehr den ethischen Maßstäben der westlichen Gesellschaft. Also werden stets Mischlösungen zusammengeschustert, mit einer schleichenden Bewegung vom Zuckerbrot Richtung Peitsche. Die aktuell geplante Reform ist bloß eine neue Etappe in diesem Prozeß.

Nach all den geplatzten Seifenblasen, von schwarz bis rotgrün, konnte man in diesem Wahljahr gespannt sein: Was für ein Karnickel würde der Taschenspieler vom Kanzleramt diesmal aus seinem Hut ziehen? Der Startschuß des großen Reformspektakels war gut inszeniert. Anfang Februar wurde wie durch Zufall entdeckt, daß

66

die Arbeitsamtsstatistik gefälscht war. (Donnerwetter, wer hätte das gedacht?) Es wurde außerdem zugegeben, daß sich nur ein Zehntel der Angestellten in diesen Ämtern um Arbeitsvermittlung kümmert. Prompt wurde Chef Jagoda entlassen, dabei lieferte die Boulevardpresse plakative Schlagzeilen wie: »Arbeitsämter dumm, faul und schlecht.« An dieser Enthüllung des offenen Geheimnisses hatte manch ein Arbeitsloser seine Freude – endlich einmal war ein anderer Sündenbock als er im Visier. Doch das taktische Ziel war offensichtlich eine Rechtfertigung. Nicht die Regierungspolitik und nicht der strukturelle Stellenabbau seien für das wiederholte Scheitern verantwortlich, sondern die Bürokratie. Alles sei eine Frage der effizienten Vermittlung. Man bräuchte nur das Arbeitsamt in eine »Personal Service Agentur« umzuwandeln, und alles wäre wieder gut. Spötter bemerkten, eine schnellere Vermittlung der Bewerberschlange bei gleichbleibendem Jobangebot führe bloß zu einer schnelleren Ablehnung. Aber kurzfristig, d.h. bis zur Wahl, kann man so den Eindruck vermitteln, es täte sich endlich etwas neues.

Zum Beistand wurden fünfzehn kühne Ritter um eine runde Tafel bestellt, mit VW-Vorstand Peter Hartz in der Artus-Rolle. Gleich wurde eine »Radikalkur«, ja gar eine »Bombe im Arbeitsamt« angedroht. In der Tat: Ist erst einmal am Arbeitsamt gekratzt worden, sind weitere Schönheitsreparaturen unerläßlich. Gerade die bürokratische Trägheit der Institution garantierte ihre Funktion als Verwahrbehältnis. Die diversen Schikanen waren als Schleusen konzipiert, die den Strom der Arbeitslosen regulierten. Wird die Schleuse abgebaut, dann droht der Strom auszuufern. Also zerbrach sich die Hartz-Kommission den Kopf über kreative Lösungen. Neu sind die entstandenen Vorschläge zwar nicht ganz (Vergrößerung des unterentwickelten Marktes für Dienstboten, Förderung der Selbstausbeutung, verstärkte Einschaltung von Jobberverleihen), aber immerhin gut verpackt. Im Bericht wimmelt es nur so von »Outsourcing« und »Jobfloater«, »Controlling« und »Business-Units«, alles mit dem grandiosen Ziel – dreimal darf man raten –, die Arbeitslosigkeit bis zur nächsten Wahl zu halbieren, aber diesmal wirklich!

Die Neuigkeit, die zumindest als Wortschöpfung die besten Zukunftschancen hat, ist die Umwandlung des Arbeitslosen in eine »Ich-AG«. Selbst diejenigen, denen der Markt verschlossen bleibt, sollten sich nun als integrales Unternehmen begreifen. Man darf aber nicht alles schwarzmalen. In der Zeitschrift *Telepolis* hat Peter Mühlbauer sehr brauchbare Ergänzungsvorschläge gemacht. Als »Ich-AG«, sagt er, sollte man von großen Aktiengesellschaften lernen und sich zum Beispiel die Methoden von Enron, Kirch, WorldCom oder der Deutschen Telekom zu eigen machen: Angaben nicht wahrheitsgemäß, sondern kreativ gestalten (z.B. fürs Kindergeld zehn Kinder angeben), im Fernsehen kostenlose Werbezeit mit Manfred Krug bekommen, den Behörden eine 0190-Beschwerdenummer geben, auf der es nur eine Warteschleife zu hören gibt (»Sollte es das Arbeitsamt dann tatsächlich schaffen, sich zuviel ausgezahlte Beträge wiederzuholen, hat man immer noch das Geld von der 0190-Nummer«), dem Gerichtsvollzieher erklären, daß Auto, Häuschen oder Computeranlage einer anderen AG vom gleichen Ich gehören, die aber in der Schweiz registriert ist. »So lassen sich auch Schizophrene wieder gut ins Wirtschaftsleben integrieren«, schreibt Mühlbauer, »nur muß der Gesetzgeber handeln und die Sozialbetrugskontrollen auf Börsenaufsichtsniveau herunterschrauben.«

Mit all diesem Reformkitsch könnte man sich vielleicht noch arrangieren. Mit der Zeit haben es viele Arbeitslose gelernt, mit Simulationsmaßnahmen umzugehen. Einige Vorschläge der Glücklichen Arbeitslosen wurden sogar von der Hartz-Kommission übernommen. Seit langem plädieren wir für die Abschaffung der Arbeitsämter und die unbürokratische Geldüberweisung. Und selbstverständlich läßt sich gegen eine effiziente Vermittlung für Menschen, die eine Arbeit suchen, nichts einwenden. Aber dort machte der Reformeifer der Kommission nicht halt. Denn über die Wahlpropaganda hinaus bleibt das konkrete Ziel die Beseitigung, nicht der Arbeitslosigkeit, sondern von soviel Arbeitslosen wie möglich. Die Peitsche mußte noch gezückt werden. So sind unsere Experten nach Wochen des intensiven Brainstormings und des kreativen Austauschs auf eine einleuchtende Idee gekommen: die Verschärfung der Zumutbarkeitskriterien. Eingeführt werden soll eine geographische, eine materielle, eine funktionale und eine soziale Zumutbarkeit. Verweigert ein lediger Berliner eine schlecht bezahlte, zeitlich begrenzte Stelle in München, die seiner Qualifizierung nicht entspricht, so löst er sich von der »Solidargemeinschaft« und muß folglich mit »deutlichen Einschnitten« rechnen. Im Gegensatz zum bürgerlichen Strafrecht, wo die Anklage die Schuld des Angeklagten beweisen muß, wird da die Beweislast umgekehrt: »Der Arbeitslose muß beweisen, daß eine Stelle, die er abgelehnt hat, nicht zumutbar ist.« Über die ausgedehnte Anwendung solcher Regeln zeigt sich das Gremium so zuversichtlich, daß es sich bereit erklärte, auf eine pauschale Reduzierung der Bezugsdauer oder Höhe des Arbeitslosengeldes zu verzichten: »Die individuellen Kürzungen werden so wirksam sein, daß man generelle Kürzungen nicht braucht.«

Man geht wohl in der Annahme fehl, diese Reform beträfe nur eine Minderheit arbeitsunwilliger Arbeitsloser. Auf diesem Umweg sollen die generellen Beschäftigungsverhältnisse in Deutschland umgestülpt werden. Geht es den Erwerbslosen schlechter, dann den Arbeitnehmern auch. Bekanntlich zieht die Generalisierung der Zeitarbeit die Arbeitsbedingungen nach unten. Herr Schleyer Junior von der Hartz-Kommission hat schon deutlich gewarnt: »Auch für die Beschäftigten dürfte in absehbarer Zeit nichts mehr so sein wie es war.« Damit sind Lohnkürzungen, Flexibilität (auf gut deutsch bedeutet das Wort: Biegsamkeit) und erzwungenes Nomadentum gemeint.

Hinter dem üblichen Vorwand der Arbeitslosigkeitsbekämpfung ist die Reform bloß eine weitere Episode der fortdauernden Umverteilung nach oben. In Berliner Bezirken dringen angestellte Schnüffler in Wohnungen von Sozialhilfeempfängern ein, um zu spähen, ob die gekaufte Matratze wirklich notwendig oder eine Vergeudung der Sozialleistung war. Währenddessen meldet die Presse, daß die Länder in diesem Jahr über die Finanzämter Milliardenbeträge an die Großkonzerne ausgezahlt haben. Man braucht keinen allzu ausgeprägten Gerechtigkeitssinn, um die ständige Beschwörung einer »Solidargemeinschaft« als blanken Zynismus zu bewerten.

Vor lauter Kritik der aktuellen Regierungspolitik möchten wir nicht den Eindruck hinterlassen, die Glücklichen Arbeitslosen unterstützten die CDU. Schließlich will auch Stoiber »die Funktion der Sozialhilfe als Mindestlohn auflockern«. In diesem Bereich wie in vielen anderen sind Parteienunterschiede unbedeutend. Nicht von ungefähr hat der Kanzler einer »unabhängigen« Kommission die Umgestaltung des Systems überlassen. Im Technokratenjargon nennt sich das Outsourcing der Politik. Wie Vito Corleone hat Peter Hartz einen Vorschlag gemacht, den keiner ablehnen kann. Ganz gleich, wer die Wahl gewinnt, die Illusion wird von einer »parteiübergreifenden Projektkoalition« (Hartz) aufrechterhalten werden.

Das Schöne an der Börse ist, daß ein Vertrauensverlust der Aktienbesitzer eine sofortige Wirkung hat. Kein Vertrauen, und gleich ist die Finanzkrise da. Leider ist es im sozialpolitischen Feld nicht so, ansonsten hätte der allgemeine Überdruß längst eine offene Krise ver-

70

ursacht. Zwar machen sich Experten Sorgen: »Die immer neuen Negativmeldungen erschüttern das Vertrauen der Bürger in die Wirtschaft und in ihre eigene Zukunft« (*Spiegel Online* vom 7.8.02). Und sie träumen von einem »massiv positiven Ereignis, das die Leute überrascht.« Wir wissen, daß kein positives Ereignis kommen wird, sondern mehr heiße Luft. Aber die kommende Wahl wird keine Gelegenheit bieten, um aus dieser Erkenntnis praktische Folgen zu ziehen. Wenn alle Parteien die gleiche Ideologie vertreten, kann auch kein Stimmzettel als Mißtrauensvotum dienen. Daher plädieren manche dafür, einen neuen Gesellschaftsvertrag zu schließen. Noch bevor man darüber nachdenkt, sollte sämtlichen Förderern der Arbeitsmarktfiktion ein gesellschaftlicher Mißtrauensantrag verpaßt werden.

Uns wurde manchmal vorgehalten, unsere Vorstellungen würden die Gesellschaft ins Mittelalter zurückführen. An einem Punkt mag der Einwand vielleicht stimmen: Zur Zeit Karl des Großen war der Kaiser dazu verpflichtet, jedem Untertan im Reich Kost und Wohnung zu sichern. Um sich zu vergewissern, daß diese Pflicht der Barmherzigkeit eingehalten wurde, zögerte er nicht, eine aufwendige Bürokratie zu beschäftigen. Selbst wenn eine solche Maßnahme heute keine ultimative Lösung darstellen würde, sie wäre immerhin ein Fortschritt im Vergleich zum aktuellen Gesellschaftsstand. Das dunkle Zeitalter? Das ist eher jenes, das zur Zeit in postpolitischen Gremien entworfen wird.

(Flugschrift, Anfang August 2002)

In der kurzen Zeitspanne, die nötig war, um diesen Text zu schreiben, wurden folgende Entlassungen angekündigt: Bayer weit mehr als 10.000 Stellen; Infineon 5.000; Epcos 1.300; Deutsche Bank 14.500; Dresdner Bank 11.000; Commerzbank 4.300; Hypo Vereinsbank: 9.100.

Praxis

¿ P A R A D O S Y F E L I C E S ?

dos parados felices de berlin confrontarán sus experiencias con las de los buscavidas de sevilla

jueves 25 de marzo a las 21 horas
en el loKal
c/ Alvaro de Bazán
(Alameda de Hércules)

Tauglichkeitstest zur Eignung als Glücklicher Arbeitsloser

1. Ab welchem Monatseinkommen wären Sie bereit, nicht mehr zu arbeiten?

500 DM ○   1000 DM ○   2000 DM ○
3000 DM ○   4000 DM ○   5000 DM ○

2. Wenn es Arbeit nicht gäbe, was würden Sie unter den folgenden Begriffe verstehen?

Gleitzeit ○ / Kurzzeit ○ / Langzeit ○ / Freizeit ○

3. Wenn Sie nicht arbeitslos wären, was würden Sie in Ihrer Freizeit tun?

....

4a. Was machen Sie in der Pause?

....

4b. Wie lang ist eine gute Pause?

10 Minuten ○ / 1 Tag ○ / 1 Monat ○ / 1 Jahr ○

5a. Warum stehen Sie auf?

Ich muß pinkeln ○ / Die anderen tun's ja auch ○

....

5b. Wenn Sie aufwachen, was ist Ihr erster Gedanke?

Weiterschlafen ○ / Ein neuer Tag ○ / Oh, nein! ○

....

6. Stellen Sie sich vor, Sie stehen in einer Schlange und es gibt nur einen Job. Ab welcher Länge wäre Ihnen die Schlange zu lang?

1 Person ○ / 2 Personen ○ / 10 Personen ○

7a. Nennen Sie drei berühmte Arbeitslose:

1 ....
2 ....
3 ....

7b. Nennen Sie ihren Lieblingsarbeitslosen:

Name: ....
E-Mail ....

Tragen Sie bitte Ihren Namen und Ihre E-Mail Adresse in die dafür vorgesehenen Felder ein. Eine Auswertung Ihres Fragebogens mit Stellungnahme wird Ihnen zugeschickt.

Hinweis: Sie müssen nicht arbeitslos sein. Sie brauchen nicht glücklich sein.

Dieser Fragebogen wurde maschinell erzeugt und wird maschinell ausgewertet. Eine Weitergabe an Dritte erfolgt nur an den meistbietenden großen Handelskonzern. Der Rechtsweg ist ausgeschlossen.

Die Glücklichen Arbeitslosen

Beschämte Mittelständler!

Sie haben für Bosnien, Ruanda und Tschetschenien spendiert,
jetzt gibt es in Ihrer Nähe noch eine gute Sache zu verteidigen.

Haben Sie eine gute Stellung?

Verfügen Sie über ein hohes Einkommen, von dem ein erheblicher Teil
Monat für Monat an den Staat abgeliefert werden muß?

Ist Ihnen bewußt, daß dieser Teil manchmal höher ist als das Einkommen eines
Sozialhilfeempfängers?

Ärgern Sie sich über die Steuerlast, die auf Ihnen liegt
und regelmäßig steigt?

Wir haben eine Lösung für Ihr Problem!
ADOPTIEREN SIE EINEN GLÜCKLICHEN ARBEITSLOSEN!

Sie werden nicht enttäuscht sein!

Das Geld haben Sie, die Zeit haben wir.

Stellen Sie ihn pro forma ein als Gärtner, Putzfrau, Festplattenaufräumer, Schuhputzer oder
sonstwas, und setzen Sie sein Gehalt von Ihren Steuern ab. Die somit eingesparten Steuern
erhält der glückliche Arbeitslose, um unklare Ressourcen entdecken zu können.

✂ ---

A D O P T I O N S V E R T R A G

zwischen dem Adoptierenden   ....
und dem Adoptierten   ....

Die Vertragspartner verpflichten sich, gemeinsam unter Einsatz ihrer Intelligenz
das Steuerrecht zu ihren Gunsten auszuschöpfen.
Der Vertrag wird mit der Unterzeichnung der beiden Partner gültig.

....
Unterschrift   Unterschrift

Stellenablehnungsgenerator

1. Sinn und Zweck

Arbeitslose sind vom Arbeitsamt dazu verpflichtet, regelmäßige Bemühungen der Stellensuche vorzuweisen.

Zu diesem Zweck müssen sie sich bei Arbeitgebern melden, die keine Arbeit zu geben haben, um dort Ablehnungszettel zu holen. Eine geld- und zeitaufwendige Beschäftigung.

Mitunter ist dieses Ritual auch den Unternehmern zum Verhängnis geworden. Manche sahen sich sogar gezwungen, Extrakräfte einzustellen, nur um der Nachfrage nach Ablehnungen entgegenzukommen.

Eine Rationalisierung dieser Simulationsbeschäftigung war längst fällig.

Jetzt hat die Softwareabteilung der Glücklichen Arbeitslosen das ultimative Produkt entwickelt:

dem **Stellenablehnungsgenerator Version 1.0**

2. Produktbeschreibung

Auf einer Datenbank sind mehr als 600 Betriebe samt aktuellen Telefonnummern und realexistierenden Ansprechpartnern gespeichert. Der Arbeitslose braucht nur seinen Namen einzugeben und auf »Enter« zu drücken. Nach Zufallsprinzip wird dann eine Betriebsadresse mit einem von fünfzig sachbearbeiterkompatiblen Ablehnungsgründen verknüpft. Prompt spuckt der Drucker ein wahrheitsgetreues Ablehnungsschreiben aus. Der Vorgang kann je nach Bedarf wiederholt werden. Leichten Herzens kann dann der Arbeitslose zum nächsten Arbeitsamtstermin gehen. Der Beweis seiner Bereitwilligkeit ist gesichert.

3. Wo finde ich den Generator?

Der Prototyp wurde anläßlich des Wettbewerbs »Evolutionäre Zellen« in der NGBK ausgestellt. Dort haben ihn schon zahlreiche begeisterte User getestet. Demnächst wird eine erweiterte Version (Stellenablehnungsgenerator 2.0) auf unserer Webseite zur Verfügung stehen: www.diegluecklichenarbeitslosen.de

4. Bedingungen

Der Stellenablehnungsgenerator steht unter General Public Licence. Jeder darf ihn benutzen. Er darf nicht verkauft werden. Für die Anwendung und die Konsequenzen sind die Hersteller nicht verantwortlich.

Die Glücklichen Arbeitslosen
Mai 2002

Wir bleiben liegen
Neuester Untätigkeitsbericht der Glücklichen Arbeitslosen

Am 3. Mai (1997) kam der »Europäische Marsch gegen Erwerbslosigkeit, ungeschützte Beschäftigung und Ausgrenzung« nach Berlin. Zwei Tage zuvor war er von der polnischen Grenze losgegangen und sollte am 14. Juni in Amsterdam (!) ankommen. Zu diesem Anlaß hatten die Glücklichen Arbeitslosen angekündigt, eine Gegenleistung zu erbringen, nach dem Motto: »Wir bleiben liegen!« Auf einer an den Veranstaltungsort angrenzenden Wiese machten wir es uns in Liegestühlen und auf Dekken bequem, nachdem wir Schilder aufgestellt hatten, die unsere Absichten beleuchteten. Wir verkosteten einige Flaschen unseres hauseigenen Sektes »Chômeur Brut« und konversierten freudig miteinander. Obwohl die Sonne zum Rendezvous erschienen war, schafften es nur wenige von uns, eine solche Anstrengung zu unternehmen, aber die Marschierenden waren auch nicht viel zahlreicher – und waren noch nicht mal arbeitslos, bis auf einen einzigen, der sich vernünftigerweise zu uns gesellte, sondern Gewerkschaftler, Studenten und Politiker, immer bereit die Arbeit der anderen zu unterstützen. So kam es, daß wir ohne weitere Aktivität eine Art von träger Aufmerksamkeit auf uns zogen, verschiedene Sympathiebezeugungen sowie äußerst unpassende Angebote. Folgendes sahen wir uns genötigt abzulehnen: Interviews, Redebeiträge auf einer Versammlung, Teilnahme an einer »Sklavenkarawane«, Verteilung unserer Flugschriften »Gleiche Ausbeutung für alle«. Letztere hatten wir vor uns auf der Wiese deponiert und die Neugierigen mußten sich angesichts unseres Unwillens selbst bedienen. Als der armselige Marsch endlich weiteren öden Orten entgegengegangen war, verweilten wir noch einen Moment und weideten uns an der Perplexität der Vorübergehenden. So war das. Abgesehen von einem Artikel im *Neuen Deutschland* ist unsere Nichttat von der großen Öffentlichkeit ebenso unbeachtet geblieben wie der Marsch an sich, der uns als Vorwand gedient hatte. Wir aber sehen darin keinen Anlaß zur Klage, denn wir haben einen unterhaltsamen Moment verbracht und nette Bekanntschaften gemacht. Kleine Flüsse formen den Strom und das Flußbett ist tief...

Das Flugblatt dazu:

GEGEN ARBEITSLOSIGKEIT UND AUSGRENZUNG: GLEICHE AUSBEUTUNG FÜR ALLE!

Wir wollen arbeiten. Ja, wir wollen arbeiten, unter jeder Bedingung und um jeden Preis. Es geht nicht um Geld, sondern um unser Sozialprestige, unser Vertrauen in uns selbst und in die Zukunft, schließlich um unsere Freiheit, da berühmte Soziologen es längst festgestellt haben: Arbeit macht frei. Zu lange sind wir ausgeschlossen und uns selbst ausgeliefert gewesen, was asoziale Gewohnheiten mit sich brachte. Jeden Tag haben wir im Bett gefrühstückt, geknutscht und weitergepennt. Haben wir etwas unternommen, dann war es ohne Befehl von oben und ohne uns um die Rentabilität zu kümmern. Während die Prominenz so viele Sorgen mit der Währungsunion, den Japanern und allem hat, während der eingegliederte Bürger ständig gestreßt schuftet, haben wir uns die Zeit genommen und – so schwer fällt es zu beichten – uns richtig gut amüsiert. Und das alles auf Staatskosten, wo der Staat schon Schwierigkeiten genug hat, die Unternehmer zu subventionieren. Dafür werden wir nie genug büßen können, das ist klar.

Deshalb wollen wir nach Amsterdam marschieren, wo unsere vertrauten Regierungschefs tagen. Helmut Kohl hat zwar versprochen, die Arbeitslosigkeit zu halbieren, und die Engländer haben es sogar fast geschafft durch die Beschaffung schöner Jobs wie Hundesitter, niedrigere Löhne als in Korea (ha ha, endlich haben wir denen eins drübergezogen, den Koreanern) und die Ausradierung aller Faulenzer, doch das reicht längst noch nicht. Die Arbeitslosigkeit muß abgeschafft werden.

FÜR DIE VOLLBESCHÄFTIGUNG
WIR SCHLAGEN VOR:

1. Die Nivellierung des Erzgebirges und anderer nutzloser Hügel mit Kreuzhacken und Schaufeln, der Steintransport zu Fuß und auf eigenem Rücken bis zu den Industriewüsten des Ostens, und die dortige Errichtung von Riesenpyramiden zu Ehren des Bundeskanzlers, des Weltbankvorsitzenden und anderer Pharaonen des heiligen Marktes. Diese Pyramiden werden künftig den Welttourismus anziehen und wiederum schöne Arbeitsplätze schaffen. Zum Beispiel: Pyramiden-High-tech-Ingenieure und vor allem Leute, die die entsprechenden Computer in Gang halten. Sogar für Arbeitslose mit Real- oder gar Hauptschulabschluß wird es vielfältige Einsatzmöglichkeiten geben, z.B. beim Catering-Service oder Erotik- und Konversation-Service oder bei »Call jemanden, der dir die Schuhe zubindet und dabei über deinen Lieblingswitz lacht.«

2. Um die ausländische Konkurrenz zu beseitigen, fordern wir die Einführung eines Maximallohns, der nicht

höher als der Lohn des billigsten Landes sein sollte, sagen wir mal 100 DM, dann abwärts.

3. Die Beschäftigung aller computerkompatiblen Arbeitslosen in virtuellen Betrieben, zur Leistung virtueller Dienste, bezahlt mit virtuellem Geld. Dafür sind schon zahlreiche leere Bürotürme in Berlin vorhanden.

4. Die sofortige Privatisierung der Luft. Warum? Erstens, weil es kontraproduktiv ist, daß irgendetwas auf dieser Erde kostenlos bleibt. Zweitens, weil es unmoralisch ist, daß Faulenzer und Penner sich das gleiche Recht zu atmen nehmen, wie tüchtige Arbeiter. Vor allem aber, weil diese Maßnahme die Endlösung der Arbeitslosenfrage mit sich bringen wird: Sie wird neue Jobs schaffen, wie: Lungenkapazitätsvermesser, Luftgeldkassierer, Atemaufseher usw. Und alle Sozialschmarotzer, die sich bald keinen Atemzug mehr leisten können, werden endlich aus unserer Sicht verschwinden. Es bleibt zu überprüfen, ob die Eurogesetze gestatten, noch mehr Arbeitsplätze durch die Verarbeitung der Ex-Arbeitslosen zu Seife, Lampenschirme usw. zu schaffen.

Ja, dafür sind wir bereit, barfuß, gefesselt, im Zickzack, drei Schritte nach vorne, zwei nach hinten, bis Tokio und weiter zu laufen. Unterwegs wollen wir uns gegenseitig peitschen und jedesmal, wenn wir einem integrierten Krawattenträger begegnen, werden wir vor seinen Füßen niederknien und »Gnade! Gnade!« schreien.

Freiwillige Knechte e.V.
Mai 1997

FÜR DIE AUSDEHNUNG DES SOMMERLOCHS!
FÜR DIE KREATIVE PASSIVITÄT!

DIE GLÜCKLICHEN ARBEITSLOSEN LADEN EIN

Ausstellung / Präsentation / Noworkshops: 15., 16., 17. August 1997, 14.00-21.00 Uhr, *SKLAVEN*markt im Pratergarten, Kastanienallee 7, Berlin

PROVISORISCHES PROGRAMM:

GLÜCKLICHE ARBEITSLOSIGKEIT FÜR ANFÄNGER: Eine Ausstellung stellt die wenigen Errungenschaften bisheriger Nichtarbeit vor. Programmatische Texte stehen auch zur Verfügung.

KONKRETE FÄLLE: Menschen, die als Arbeitslose irgendwas Außerordentliches bzw. Angenehmes erlebt haben, das sie nicht als Arbeiter erlebt hätten, erzählen ihre Geschichte.

NOWORKSHOPS: »Fit for unemployment«. Der Marktwert der Glücklichen Arbeitslosen wird festgestellt. In einem ersten Schritt entwerfen die Teilnehmer ihre eigenen Diplome und formulieren virtuelle Lebensläufe für reale Einstellungsangebote. Alle Fakten entspringen der Phantasie der Teilnehmer. Die Dokumente werden zu Bewerbungen zusammengefaßt und am realen Arbeitsmarkt getestet. Die Reaktionen auf die Bewerbungen werden statistisch erfaßt und angeregt diskutiert. Gemeinsam werden Strategien für die unterschiedlichen Vorstellungsgespräche entworfen.

TAUGLICHKEITSTESTS (zur Eignung als glücklicher Arbeitsloser)

Endlich: Die Bewertung der Tests vom letzten Jahr wird vorgeführt, sowohl statistisch als auch poetisch betrachtet. Und diese gemeinunnützige Forschung wird selbstverständlich weitergeführt.

PERSONALITY STYLING
Zielgruppe: Damen und Herren, denen gegen ihren Willen ein Job angeboten werden kann. Zum Thema: Für den ersten Eindruck gibt es keine zweite Chance! Wenn Sie keine Stelle annehmen wollen, müssen Sie dabei vor allem abstoßend wirken. Manche Pläne und Anstrengungen mißlingen, wenn die dahinterstehende Persönlichkeit zu optimal zur Geltung kommt. Durch trainiertes typgerechtes Outfit strahlen Sie garantiert weder Selbstbewußtsein noch Dynamik noch Souveränität aus. Und eine negative Ausstrahlung verstärkt Ihre Wirkung.

Inhalt: Tips zum Bewerbungsfoto – Welche Stilrichtung paßt nicht zu mir? – Wie drückt man am besten Schwachpunkte aus? – Brillen- und Frisurberatung. – Geschickter Einsatz von Accessoires. – Wie sage ich es auf sächsisch? – Welches Maß an Rauschzustand ist bei meiner Vorstellung erforderlich? Anschließend: Modenschau.

VORSCHLÄGE ZUR NEUGESTALTUNG DES ARBEITS-AMTES VI.
Das Leben der unglücklichen Arbeitslosen besteht aus Zwangswarten: auf eine Verbesserung der Wirtschaft, auf ein Arbeitsangebot, auf die Erscheinung seiner Wartenummer im Wartezimmer des Arbeitsamtes. Dabei könnte wenigstens die Wartezeit gemütlich gemacht werden. Aber nein, die Arbeitsämter bieten äußerst unangenehme und frustrierende Einrichtungen.
Zum Beispiel: das Arbeitsamt VI (Lichtenberg, Mitte, Friedrichshain), Gebäude der ehemaligen Stasizentrale. Ein Diavortrag über den aktuellen Zustand wird präsentiert, dazu werden konkrete Vorschläge zu spielerischen und Behaglichkeit steigernden Verbesserungen gesammelt. Ein Bericht wird dem Arbeitsamt übergeben werden.

WETTBEWERB: DAS DENKMAL DES UNBEKANNTEN ARBEITSLOSEN

Dieser Wettbewerb richtet sich an Künstler aller Kunstrichtungen. Der Entwurf des Wettbewerbsgewinners wird realisiert und an exponierter – derzeit aber noch geheimgehaltener – Stelle der interessierten Öffentlichkeit präsentiert.

LOB DER LANGSAMKEIT

Für eine entsprechend langsame Agitation in der Öffentlichkeit: Entwurf des 1. Internationalen Schneckenrennens mit Wettbüro.

VORTRAG + PALAVER: KEINE ARBEIT – WAS SONST?

Die Gesellschaft der Arbeit entläßt ihre Kinder. Dabei ist sie kaum 200 Jahre alt und stellt eher eine traurige Ausnahme in der Menschheitsgeschichte dar. Das Entschwinden der Arbeit ist also nicht so katastrophal wie es aussieht. Ethnologie, Geschichte und Volkskunde werden bemüht, um Beispiele von glücklicheren Formen der Tätigkeit zu liefern. Nur eines ist sicher: Eine bessere Gestaltung unserer Freizeit wird uns nicht vom Himmel, Markt oder Staat geschenkt werden. Auch das Projekt einer Arbeitszeitverkürzung ist unzureichend: Warum nur ein Quicky, wenn es so viel Spaß machen soll? (Konkrete Beispiele in der Erotik, der Kochkunst, den Reisen usw.) Gegen den öden und ausschließenden Puritanismus der Ökonomie müssen andere Werte und Methoden eingesetzt werden. Unnütze Aufwände sind lebensnotwendig. Nicht »Wohlstand für alle«, dieses Ideal der Gartenzwerge, sondern »Luxus für alle« könnte das Ziel lauten. Dabei stehen noch keine fertigen Lösungen zur Verfügung. Experimentieren ist gefragt, was allerlei Erfahrungen, Vorschläge, bzw. Widerlegungen, fordert. Dabeisein ist nicht alles. Liebe Dilettanten und Dilettantinnen, nehmen Sie Ihre Muße ernst, und bringen Sie Ihre Ideen mit, es lohnt sich!

Anmerkungen zu einer
Veranstaltung

Am dritten Augustwochenende fand auf dem Prenzlauer Berg eine Reihe von Veranstaltungen der »Glücklichen Arbeitslosen« statt. Ich schaffte es nur, am Sonntagnachmittag zum »Palaver« zu gehen. Es waren etwa zwanzig Leute da, wir saßen in der Sonne im Pratergarten, die Stimmung war locker. Es gab zwei Einführungsbeiträge, in denen – grob zusammengefaßt – die Ethik der Arbeit angegriffen und das Glück der Nichtarbeit gepriesen wurde. Insgesamt ein schönes Treffen, hier einige Anregungen zur weiteren Diskussion:

Im ersten Beitrag wurde eine Trennung zwischen der »Welt der Arbeit« und etwas anderem behauptet, wozu die Arbeitslosigkeit gehört oder gehören könnte. Eine solche Trennung finde ich schwierig. Nach meiner Erfahrung geht die Arbeit nach Feierabend weiter, gerade mit Kind, auch Arbeitslosigkeit heißt oft mehr Arbeit als »im Job«. Natürlich erfahren wir diese Trennung als Arbeitslose oder nach Arbeitsende den Feierabend Genießende sinnlich, aber eine solch einfache Trennung verdeckt leicht die Kontinuität des Arbeitszwangs – die meisten von uns lassen sich »nach der Arbeit« nicht bedienen, sondern arbeiten schnell noch was für sich selbst, die Wohnung wird am Wochenende renoviert usw.

Jeremy Rifkin (»Das Ende der Arbeit«, fischer tb 13606. Er behauptet, in der Zukunft mache die technische Entwicklung achtzig Prozent aller menschlichen Arbeit[erInnen] überflüssig) folgend versuchen sie, dessen Thesen zu benutzen, um zu sagen: »Richtet euch auf

die Arbeitslosigkeit ein, Leute, statt der Arbeit hinter-
herzutrauern, und genießt sie!« Das ist als Subversion
gegenüber dem real existierenden Gejammer über fehlende Arbeit witzig. Ich selbst kenne aber kaum Arbeitslose, die von ihrer Kohle noch leben können, ohne
schwarzarbeiten gehen zu müssen. Gibt es denn diese
Arbeitslosen als Menschen ohne Arbeit überhaupt noch
als Mehrheit, hat es sie je gegeben? Und darauf ein
politisches Konzept zur Veränderung der Welt zu stützen und dabei möglicherweise zu übersehen, daß in
diesem Kapitalismus ja immer wieder neue Bedürfnisse
geschaffen werden, und zwar je mehr Menschen »arbeitslos« sind, desto mehr Zeit haben sie zum Konsumie-
ren (Bsp. Musik/Kultur, Love Parade Berlin, die in kür-
zester Zeit zu einem gigantischen Kommerzteil wurde
und bei ihrer Durchführung jede Menge – prekärer! –
Arbeit mobilisiert hat, ich war einer davon...)

Des weiteren wird behauptet, es gäbe eine Tendenz
zur Abschaffung der schweren körperlichen Arbeit, diese
würde ersetzt durch »mentale Arbeit«. Abgesehen davon,
daß ich Bildschirmarbeit auch eher unter »schwere kör-
perliche Arbeit« fassen würde, spiegelt sich hier vielleicht eher die eigene »privilegierte« Lage der Erben des
Reichtums, die vielleicht sozial ausgegrenzt werden
können – oder das selbst tun –, aber nicht ihres An-
spruchs auf den gesellschaftlichen Reichtum des Imperi-
ums beraubt werden. Mit anderen Worten: Machen ein
illegaler albanischer Bauarbeiter oder eine lateinameri-
kanische Putzfrau in Berlin möglicherweise eine andere
Erfahrung? (Siehe Paul Lafargue: »Die christliche Lie-
bestätigkeit«, der eine Geschichte des »Sozialstaats« vom
alten Griechenland bis zu seiner Zeit zeichnet, wobei
sich immer wieder dieses Muster wiederholt: die Nachkommen der Reichsbürger werden zu zahlreich, die alte
Gentilgesellschaft kann nicht mehr alle einbauen, viele
wollen das auch nicht, sie wollen teilhaben, ohne etwas
dafür zu leisten, es entsteht ein städtisches Proletariat,

das auf einen alten Anspruch zurückgreifen kann und mit Brot und Spielen ruhig gehalten werden muß...)

Gibt es nicht zumindest in den USA und Europa eher eine neue Spaltung der Klasse durch Migration in sozialstaatlich abgesicherte, gewerkschaftlich organisierte usw. Arbeitskraft, die tendenziell vielleicht eher am Bildschirm landet, und einer kriminalisierten Arbeitskraft, die genau diese körperlich schweren Arbeiten übernimmt – mit fließenden Grenzen zwischen diesen Gruppen –, wodurch letztere für die »Garantierten« aus dem Blick gerät, weil sie offiziell gar nicht existiert, nicht existieren darf, höchstens in den Schlagzeilen für die Aufrüstung der sozialstaatlichen Kontrollinstrumente?

Als Alternative zur Arbeit schlagen sie die »gesamtsoziale Handlung« vor, das ist ein Begriff aus der Ethnologie – sie brachten ein Klangbeispiel vom Band, nach Urwald klingende Töne, und erklärten, es handele sich um Kommunikation von Pygmäen bei der Jagd, was von Musikforschern als Musik, von Ökonomen als Arbeit, von Kulturforschern als kultische Handlung interpretiert würde, was aber tatsächlich eben eine gesamtsoziale Handlung sei, die Pygmäensprache habe gar keine Begriffe für Musik und Arbeit usw. Anders gesagt, die Pygmäen verhalten sich einfach so, machen sich auch nicht das Problem, das in wissenschaftliche Kategorien einzuzwängen, und wir sollten auch einfach leben und es genießen. Gute Idee!

Heinz
(aus: *Wildcat*-Zirkular, Oktober 1997)

88

Kontemplativ leben heißt:
Spazierengehen mit Freunden und Gedanken
(Nietzsche)

Die Idee, Arbeitslosenspaziergänge durch Berlin zu unternehmen, hatten wir am 18.2.98 bei unserem Bartwuchswettbewerb im Rahmen der »Initiative Kunstpause« vorgeschlagen. Kurz davor hatten wir die Nachricht bekommen, daß sich »Glückliche Arbeitslose« in Paris bekannt hatten. Zusammen mit der Versammlung, die täglich in der Jussieu-Universität stattfand, gingen sie durch Paris »spazieren«, d.h. luden sich in Betriebe, Betriebskantinen, Supermärkte ein usw. Auf unserer Veranstaltung war ein schöner junger Mann von der Aktionsgruppe der Berliner Erwerbslosenbewegung anwesend, der gerade auf der Suche nach neuen Aktionsformen war. Die Idee wurde dann bei unserem Stammtisch mit einem Pariser Spaziergänger weiter diskutiert.

Erfreulicherweise wurden die Spaziergänge auch ohne unsere Beteiligung ins Leben gerufen. Die Aktionsgruppe lud kurz danach zu wöchentlichen Spaziergängen ein. Zwischen 15 und 30 Menschen trafen sich, um unterschiedliche Orte in der Stadt aufzusuchen. So wurde zum Beispiel das Europacenter besucht und das Kleingeld aus dem dortigen Brunnen gefischt, was allerdings nicht direkt zum Reichtum führte. Manche Aktionen, wie die Störung der Sitzung des Berliner Abgeordnetenhauses zu den Fahrpreiserhöhungen der Berliner Verkehrsbetriebe, sind während der Spaziergänge spontan entstanden. Der erste Spaziergang, an dem wir teilnahmen, war wirklich erfolgreich. Zunächst ein Besuch beim Arbeitsamt Kreuzberg, wo zwei Menschen sich uns

sofort anschlossen, dann die Besetzung der *taz*-Redak-
tion, was immerhin zu einer Solidarisierung einiger *taz*-
Mitarbeiter mit uns geführt hat – die Technikabteilung
hat einen ausrangierten Computer gespendet. Dazu
rückte ein italienisches Restaurant ein Essen raus
(karg, aber besser als nichts…). Unterwegs fuhr man
demonstrativ schwarz. Die Rosine auf dem Kuchen war
das Abkassieren der Eintrittsgelder von Schlingensiefs
Wahlkampfzirkus am Abend im Prater. Hierzu wurde
einfach vor der normalen Kasse eine weitere aufgebaut
und selbsterstellte Eintrittskarten zu veränderten Prei-
sen verkauft. Nach einer Weile wurden diese auch anerkannt, anderenfalls hätte der Prater Ärger mit seinen
Gästen bekommen. 2500 Mark konnten so eingenommen
werden! So etwas macht Mut, auch die beteiligten unglücklichen Arbeitslosen waren am Ende des Tages
wirklich euphorisiert und feierten bis spät in die Nacht.
    Leider ist der nächste Spaziergang etwas daneben-
gegangen: Zuerst wurde ein Raum des Kreuzberger
Arbeitsamtes besetzt, um Bewerbungsbögen umsonst
kopieren zu können. Als sich herausstellte, daß sich dies
nicht durchsetzen lassen würde und der Direktor des
Arbeitsamtes bereits bei der Polizei angerufen hatte,
kamen einige auf die grandiose Idee, deren Ankunft zu
Dokumentationszwecken zu erwarten. Die Folge war die
Vergrößerung der Gruppe um das Doppelte, die Hälfte
davon in grüner Kleidung. Die folgenden Stationen (Betteln nach Fotokopien bei der SPD-Zentrale, Besuch
einer langweiligen Ausstellung im Kuckucksheim-Mu-
seum, Bewerbung bei der Deutschen Bank) waren auch
nicht besonders ermutigend. Zum Schluß scheiterte ein
Versuch, im »Café Einstein« ein Essen umsonst zu bekommen. Nach diesem Fehlschlag ging die Dynamik
durch Streitereien innerhalb der Aktionsgruppe allmählich verloren, bis sie sich entschloß, Spaziergänge zugunsten »ernsthafterer«, also klassischer Formen des Polit-
aktivismus aufzugeben.

Wir betrachten diese Erfahrung jedoch als positiv: Jetzt haben wir genauere Vorstellungen vom Sinn der Spaziergänge.

1 – Spaziergänge sollten nicht allzusehr zielorientiert sein. Wichtig ist, was unterwegs geschieht. Scheitert ein Versuch, dann sollte er schnell für einen anderen aufgegeben werden. In der Mobilität liegt die Kraft.
2 – Jede Selbstopferung ist schädlich. Wir wollen spielen. Kommt der Schutzmann? Dann tauchen wir ab und woanders wieder auf.
3 – Von besonderer Belanglosigkeit ist das Scheinbewerben. Vor allem, wenn kein Spaziergänger tatsächlich in diesen Unternehmen arbeiten würde. Wir verlangen keine traurige Anstellung, sondern eine geglückte Umstellung.
4 – Nicht die Spaziergänger sollen der Presse hinterherrennen, sondern umgekehrt. Man braucht keine Medien, um die Öffentlichkeit zu treffen.
5 – Hauptsächlich geht es nicht darum, sich zum small talk in den Chefetagen zu zeigen, sondern wahren Menschen zu begegnen.
6 – Spaziergänger führen sich selbst durch die Wirrungen des Daseins. Unterhaltung ist der Treibstoff des Spaziergangsters.

So wollen die Glücklichen Arbeitslosen weiter spazierengehen. Aktivisten und Passivisten sind herzlich eingeladen.

(Aus: *müßiggangster*, Nullnummer, Juni 1998)

Müßiggangster unterwegs

1. Besuch bei Frau Wandel, Imageberaterin.

»Für den ersten Eindruck gibt es keine zweite Chance! Farb- und Stilberatung der einzelnen Teilnehmer: typgerechtes Make-up, Brillenberatung, praktische Übungen im Tücherbinden, Tips zum Bewerbungsfoto. Kosten: 235.- DM.«

Zoufall: Guten Tag, Zoufall mein Name, ich komme zur Stilberatung.
Wandel: Aber es ja kommen so viele mit, das ist eigentlich unüblich.
Attacke: Wir sind eine Familie, ganz kurz erklärt.
Wandel: Was ist denn das für 'ne Gruppe?
Attacke: Wir leben zusammen, wir halten zusammen, wir stehen zusammen.
Wilhelm: Für Bewerbungen das richtige Erscheinungsbild, damit beschäftigen Sie sich doch.
Wandel: Wissen Sie, das ist eine individuelle Beratung, die Sie bei mir gebucht haben, und eine Gruppenberatung hätten Sie vorher anmelden müssen.
Zoufall: Sie sollen ja nur mich beraten.
Wandel: Ja, aber wenn jemand zuguckt, das hätten Sie mir sagen müssen.
Zoufall: Ich habe damit aber gar kein Problem, wir kennen uns alle so gut.
Wandel: Aber ich kenne Sie nicht. Folgendes: Jetzt stellen Sie das erst mal bitte ab!
Søren (mit Aufnahmegerät): Nee.
Attacke: Warum sollen wir das denn abstellen?
Wandel: Na was bedeutet denn das?

92

Zoufall: Nehmen Sie das doch nicht so ernst, das braucht Sie doch gar nicht zu beunruhigen.

Wandel: Nee, Frau Zoufall, tut mir leid... Leider Gottes, das mach ich nicht. Einzeln kann ich Sie ja gern beraten.

Wilhelm: Ist Ihnen das peinlich, oder was?

Wandel: Nein, das ist mir nicht peinlich, ich habe ja gerade 'ne Gruppe dagehabt, zwei Kunden sind noch da, das sind auch gleich meine Zeugen, das ist ja sehr schön. Wieviel waren Sie heute?

Kundin: Zehn, aber das war von der Schule angemeldet.

Attacke: Donnerwetter, zehn mal 295 Mark.

Wandel: Leider nicht 295 Mark, ich krieg das vom Bildungsinstitut auf Honorarbasis bezahlt, ansonsten lebe ich von Einzelberatungen.

Wilhelm: An welches Bildungsinstitut kann man sich denn da wenden?

Wandel: An ganz viele. Gehen Sie zum Arbeitsamt, die können Ihnen 'ne ganze Menge sagen.

Zoufall: Meinen Sie, daß das Arbeitsamt sowas bezahlt?

Wandel: Fragen Sie das Arbeitsamt.

Zoufall: Hat es das schon gegeben?

Wandel: Ist das ein Interview? Frau Zoufall, ich würde Sie bitten, jetzt meine Räume zu verlassen.

Zoufall: Ich denke, ich habe einen Termin.

Wandel: Der Termin ist jetzt storniert.

Wilhelm: Ist Ihnen das peinlich, daß das Arbeitsamt das bezahlt?

Wandel: Es ist mir egal, bitte verlassen Sie jetzt meine Räume.

Zoufall: Aber wir sind doch gerade erst gekommen.

Wandel: Ich kann ja auch die Polizei rufen.

Attacke: Det kenn' wir schon, die Polizei ist det erste. Die Staatsjewalt.

Zoufall: Aber sagen Sie, meinen Sie wirklich, daß ich, wenn ich so scheiße aussehe, nie Arbeit kriegen werde?

Wandel: (versucht zu telefonieren)

Attacke: Wir wollen doch nur 'n paar Auskünfte haben.

Wilhelm: Haben Sie Angst? Wir beißen nicht.

Attacke: Sie fahren die Kapitalistenschiene, würde ich sagen. Sie nutzen Arbeitslose aus.

Zoufall: Ja, das ist doch hier 'ne Beratung für Arbeitslose, damit sie endlich mal wieder 'n Job kriegen, endlich mal wieder klarsehen im Leben.

Wandel (zur Kundin): Bezahlen Sie das?

Kundin: Nee, ich hab fünf Mark bezahlt.

Wilhelm: Wer bezahlt denn das?

Kundin: Mein Bildungsträger.

Zoufall: Das ist doch nicht normal, daß irgendein idiotischer Bildungsträger oder das Arbeitsamt für 'ne Schönheitsberatung bei Ihnen – gucken Sie sich mal an, wie Sie aussehen – 235 bezahlt? Finden sie das wirklich normal? Sehen Sie noch ganz durch? Ich würde mir von Ihnen nie 'ne Beratung antun lassen, nie im Leben, da kann ich noch so scheiße aussehen.

Wandel: Ich möcht's auch nicht. (Versucht immer noch zu telefonieren, geht aber nicht, weil jemand auf die Gabel drückt).

Wandel (zur Kundin): Gehen Sie mal bitte rüber und holen die Polizei!

Attacke: 90 Mark Einkaufsbegleitung!

Zoufall: Sollen wir alle so scheiße aussehen wie Sie?

Wandel: Beleidigen Sie mich nicht, Frau Zoufall.

Zoufall: Doch. Was Sie anbieten, das ist 'ne Beleidigung: Nach dem Motto, man weiß ja gar nicht, was man anziehen soll, kommen Sie mal zu mir, ich zeig's Ihnen. Na schönen Dank!

Wandel: Frau Zoufall!

Zoufall: Gut, wiedersehen.

Das Gespräch fand statt im Rahmen des Spaziergangs vom Donnerstag, dem 14. Mai 1998

(Aus: *müßiggangster*, Nullnummer, Juni 1998)

2. Im Bezirksamt

Glückliche Arbeitslose zu Besuch beim Stadtbezirks-
bürgermeister von Berlin, Prenzlauer Berg, Herrn
Kraetzer (SPD). Anwesend außerdem der Stadtrat für
Soziales, Herr von Olszewsky (CDU) sowie der Leiter
der Abteilung »Hilfe zur Arbeit« (HZA)[*], Herr Eckert
(Delphische Gesellschaft).

Wilhelm: Es geht uns um beides, einmal um diese
GZA[**], d.h. Leute zu zwingen, so 'ne Schwachsinnsarbei-
ten zu machen wie z.B. Papier aufzusammeln, egal ob
ich Philosoph bin oder Bäcker oder sonstwas. Und das
andere sind die Mittel, mit denen man versucht, so was
durchzusetzen, die Leute zu schikanieren.

Kraetzer: Das ist doch keine Schikane, das ist doch
einfach... Na, offensichtlich sind Sie ja gar nicht zustän-
dig, Sie sind ja gar keine Betroffenen.

Wilhelm: Das spielt doch keine Rolle, ich bin genauso
betroffen davon.

Eckert: Reden Sie doch nicht im Allgemeinen! (Stimmengewirr) Darf ich vielleicht zu der Problematik mal
was sagen. Also unabhängig von der Geschichte, ich
meine, wenn es dann so ist, daß jeder jeden auf die fiese-
ste Weise ohne sachlichen Hintergrund verleumden
kann[***], das kann's ja nun nicht sein, zumal man den
Anspruch erhebt, oder den Vorwurf, daß man selber
nicht recht behandelt wird und dann mit solchen Mitteln, gut, da wäre zu fragen, inwieweit man also jetzt
hier die Rechtsstaatlichkeit überhaupt anerkennt...
(Unterbrechung, Gewirr)

---

[*] Abteilung des Sozialamts zur Wiedereingliederung von
glücklichen Frondienstlosen in die Welt der Arbeit.
[**] »Gemeinnützige und Zusätzliche Arbeit.«
[***] Offensichtlich meint Eckert damit das Flugblatt »Eckert in
die Produktion«, das in seinem Amt kursierte.

Wilhelm: Na gut, Herr Eckert, Sie sind ja an vorderster Front...

Eckert: Moment, Moment, die Konfektionsgröße, damit kann ich leben. Also die erste Geschichte ist, wie Herr Kraetzer bereits gesagt hat, es gibt einfach seit 96 'ne Rechtsveränderung im BSHG, die u.a. zum Inhalt hat, daß für jeden Arbeitsfähigen die HZA/GZA-Geschichte Rechtspflicht ist, d.h. daß derjenige, der eigentlich dazu in der Lage ist, seinen Lebensunterhalt zu erwerben, aber in der Endkonsequenz durch die gesellschaftlichen Umstände bedingt nicht gleich 'nen Job bekommt, im Rahmen der Möglichkeiten, die wir ihm bieten können, eben auch dieser Gemeinschaft, die ihn erstmal materiell bescheiden absichert, dieser Gemeinschaft auch was zurückgibt und dazu eben nur noch 'n paar Mark erhält. Man muß das immer im Komplex sehen, die Diskussion mit den 3 Mark ist ja einfach unwahr, d.h. wenn ich in dieser nicht schönen Situation bin, daß ich keine Arbeit habe, meine materiellen Lebensgrundlagen nicht selber erwerben kann und die Gemeinschaft sichert mir das, dann kann ich doch nicht auf der einen Seite die Miete und diese 539 Mark in die Tasche stecken und sagen, nun gut, und mich dann wie Bolle darüber aufregen, daß ich nun für 3 Mark wegen mir 40 oder 60 Stunden im Monat etwas machen muß.

Wilhelm: 'Ne Gesellschaft ist nicht so etwas wie 'ne Familie. Ich denke, daß die Gleichsetzung von Staat und Gesellschaft 'ne recht fragwürdige Sache ist. In letzter Konsequenz hieße das, daß sich etwas völlig Kontraproduktives entwickelt. Es werden dann zig Vereine gegründet, um einfach diesen Mythos Arbeit hochzuhalten, der dann mit Moral belegt wird und jeglicher Stumpfsinn wird zu Notwendigkeit erklärt. 'Ne Bürokratie wird sich darüber freuen. (...) Dieser Vorwurf, Du willst Dich in die soziale Hängematte legen, so stimmt's ja nicht. Also wenn 'ne Arbeit, dann sollte sie auch den Charakter einer selbstbestimmten haben.

Mila: Und was sind die selbstbestimmten Jobs, die man hier beim Sozialamt bezahlt bekommt?

Kraetzer: Es hat niemand hier von selbstbestimmten Jobs geredet. Die GZA ist nach'm Gesetz, Herr Eckert hat das ja lang und breit erläutert, wir haben nur gesagt, ich habe nur gesagt, daß hier doch ein bißchen Rücksicht genommen wird auf Eignung und auf Fähigkeit und Können. Außerdem muß ich mal sagen, um auf Sie einzugehen, halt ich also auch Papiersammeln für nicht so sehr schwachsinnig, das ist 'ne ganz normale Sache.

Wilhelm: Aber dafür gibt's doch die BSR, das sind doch richtig amtlich bezahlte Jobs...Neulich hat sich einer mit 'nem Besen vor's Kadewe gestellt und gekehrt, hat gesagt: »Ich bringe hier Eigeninitiative, ich kehre, unterstützen Sie mich mit 'ner Mark.« Es kam die Polizei. (Stimmengewirr) 'N Mann von der BSR kriegt 20 Mark die Stunde, aber wie hier auf'm Hof, 'ne arme Frau, die Sozialhilfe kriegt, macht das hier für 3 Mark...(Stimmengewirr)

Eckert: Ich kann doch nicht sagen, ich hab hier die Sozialhilfe und die stecke ich in die Tasche, und hier muß ich für 3 Mark, dann muß ich doch sagen, jetzt lege ich das alles auf einen Haufen, das gibt mir die Allgemeinheit, dafür geb ich der Allgemeinheit 40 oder 60 Stunden meine Arbeitskraft zurück.

Wilhelm: Ich laß mich von der Allgemeinheit entmündigen und laß mir von der sagen, was ich machen soll...

Abös: Sie brauchen kein Papier sammmeln, Sie haben einfach 'nen ausgefüllten Tag, sehr schön. Stellen Sie sich mal vor, Sie sind morgen auf der Straße, und dann?

Kraetzer: Dann muß ich mir 'nen neuen Job suchen.

Abös: Da würden Sie auf jeden Fall Papier sammeln, würden das auf jeden Fall als sinnvoll einschätzen, natürlich.

Kraetzer: Was, was? Sie können sich doch 'nen Job suchen, dann suchen Sie sich doch 'nen Job!

Abös: So einfach ist das nicht.

G. Danzig: Die 5 Millionen sind selbst schuld.

Kraetzer: Das hab' ich nicht gesagt.

G. Danzig: Das impliziert das aber. Sie haben eben gesagt, Sie können sich doch 'nen Job suchen.

Kraetzer: Das sind immer die Rückschlüsse, die Sie dann immer mal interpretieren, was ich nie gesagt habe.

G. Danzig: Na, »Sie können sich doch'n Job suchen« heißt: »Machen Sie's doch einfach, es liegt an Ihnen, also Sie können es.«

Kraetzer: Das hab ich nicht gesagt. 5 Millionen Arbeitslose sind schon da... (...) Ich würde das also auch wirklich sehr gut finden, wenn man die Arbeit neu verteilt in einem solidarischen System...

G. Danzig: Aber Sie sträuben sich doch dagegen.

Kraetzer: Nein, also ich kann, wissen Sie, ich bin hier der kleine Bezirk Prenzlauer Berg und ich habe einen Eid auf's Grundgesetz geschworen. Wie das so ist und ich bin, ich kann, ich mach hier keine Revolution.

G. Danzig: Schade.

Kraetzer: Ich habe natürlich politische Gedanken und würde sagen, solidarische Verteilung, Neuverteilung der Arbeit würde das Problem nicht auf ewig lösen, aber vielleicht im Moment etwas entschärfen. Dieses ist aber im Moment nicht zu machen.

Wilhelm (zu Herrn von Olszewski): Würden Sie denn meinen, daß so eine Vorstellung eines Grundgehaltes, vor dem Dilemma der 3-Mark-Diskussion, ein Schritt in die richtige Richtung wäre?

von Olszewski: Ich mache hier keinen Wahlkampf. Sie haben ein Anliegen, und das wollen wir diskutieren. Ich hab Ihr eigentliches Problem noch gar nicht so richtig erfaßt.

Wilhelm: Es geht darum, diese Sozialamtsjobs irgendwie sinnvoll den Leuten zu offerieren, wenn sie schon gewillt sind, gesellschaftlich gemeinnützige Arbeit zu machen.

Mila: Es geht auch darum, daß Leute das einfach psychisch nicht verkraften, bestimmte Jobs zu machen. Ich habe Leute getroffen, die sollten Wachschutz machen, junge Leute, die kamen aus Ihrem Büro. Und wenn jemand sagt, ich kann das nicht machen, dann muß das auch akzeptiert werden.

Eckert: Erstmal müßte man sich einig werden, wie gesagt, ich bin hier irgendwo 'n Betroffener, ich werde hier erstmal in den Dreck gezogen auf die mieseste Art und Weise, das ist die eine Sache, die gegebenenfalls auch strafrechtliche Relevanz hat[*]. (...) Es gibt gewiß eine hohe Differenziertheit, wenn man die Gruppe der Sozialhilfeempfänger sieht, auch von der Leistungsfähigkeit und es gibt nun mal Leute, da kann man machen, was man will, die sich gar nicht unwohl fühlen, wenn sie einen Friedhof fegen oder Laub harken. (...)

Frau Kunstpause: Finden Sie nicht, daß Ihre Enscheidungskompetenz über andere Menschen ein bißchen weit gefaßt ist, wenn Sie schon bestimmen können, was richtig ist, wer welche Arbeit, für wen welche Ausbildung richtig ist?

Eckert: Jeder, der bei mir war, kann objektiv bestätigen, daß ich ihm erstmal die Rechtssituation darlegen muß, zweitens die Möglichkeiten, die wir in unserem Rahmen haben und drittens sage ich prinzipiell, wenn Sie sich noch nicht entschieden haben, was Sie machen wollen, dann machen Sie doch bitte folgendes, daß Sie bitte ein Vorzugsvariante formulieren, aber gleich Variante 2-5 auch und dann setzen wir uns wieder hin und gucken im Rahmen der Möglichkeiten, wie wir das realisieren können[**]. Aber es kommen viele, die überhaupt keine Vorstellungen haben. 30 Jahre, überhaupt keine Vorstellungen. Der sagt, ich möchte was Kreatives ma-

---

* Meister Eckert ist ganz aus dem Häuschen, immer noch wegen des Flugblatts.
** Hört, hört!

chen. Na kreativ kann ich gegebenenfalls noch beim Straßenfegen werden.

Frau Kunstpause: Darauf hab' ich gewartet.

Eckert: Das heißt, das ist doch immer mit konkreter Arbeit verbunden, und ich kann doch von einem Menschen, der mir erzählt, daß er aus dieser Situation herauskommen will, zumindest erwarten, wenn er dann nicht irgendwo erhebliche intellektuelle Defizite oder weiß ich was hat, dann kann ich doch wenigstens erwarten, daß der sagt, das oder das.

Frau Kunstpause: Aber es geht doch genau um diese Kompetenz, daß Sie bestimmen, ob jemand intellektuelle Defizite hat oder nicht...

Der Besuch dauerte etwa noch ein halbe Stunde. Als sich die ungeliebten Gäste freiwillig verabschiedeten, war auf der Gegenseite sichtliche Erleichterung zu spüren – man hatte wohl ein ungutes Gefühl gehabt in der Erwartung einer Horde wilder Arbeitsloser...

(Aus: *müßiggangster* Nr. 1, Oktober 1998)

Gemeine Plätze schaffen

Berlin-Alexanderplatz, 22.5.98. Anläßlich des Besuchs der Rheinischen Fundamentalisten aus Köln hatten wir gemeinsam »Putschvorbereitungen gegen die preußische Arbeitsmoral« angemeldet. Am Nachmittag stellte sich unsere Einheit auf diesem strategischen Platz in mitgebrachten Liegestühlen auf. Mit Getränken und Musik ausgerüstet, begannen wir, unser Sofortprogramm anzuwenden: es uns wohlergehen zu lassen. Ein Megaphon verhalf uns, mehr Partysanen heranzuziehen und alles verlief locker und unterhaltsam, bis auf den Versuch eines Ladenbesitzers namens Singenschlief, unsere schöpferische Ruhe mit schwachen Wahlreden und Bedrohungen zu stören. Es gelang ihm jedoch nicht, und am Abend wurde unser Sieg unbestreitbar.

Hamburg-Altona, 26.6.98. In eine hervorragend ausgewählte Fußgängerzone hatte uns die Initiative Kunstpause eingeladen, ein Anlaß, Glückliche Arbeitslose aus Hamburg kennenzulernen. Im Nu verwandelten wir mit Rollrasen eine umweltfeindliche Einkaufsstraße in eine idyllische Wiese, wo wir dann ein üppiges Mahl vorbereiteten. Mit Essen und Trinken umsonst war es nur leicht, die lokale Bevölkerung zu bestechen. Bald waren alle Altersgruppen von 10 bis 70 repräsentiert und eine Art ruhiges Volksfest begann. In diesem bukolischen Ambiente entstanden manch gute Diskussionen und Späße. Erst nach acht Stunden kamen die Feldhüter und baten die letzten angetrunkenen Gäste samt Wiese zu verschwinden.

Kölner Domplatte, 22.8.98. Wieder mit den Rheinischen Fundamentalisten organisierten wir dort den ersten öffentlichen Arbeitslosenstammtisch Kölns.

101

Schon am Vorabend hatte eine gutbesuchte Veranstaltung in der Galerie 68elf stattgefunden, wo vielfältig über unsere Aktivitäten diskutiert worden war. Vor dem Dom lernten wir auch Glückliche Arbeitslose kennen, doch etwas Verwirrung entstand dadurch, daß sich genau am gleichen Ort ein Haufen katholischer Pilger und militanter Abtreibungsgegner versammelte. Mit Vergnügen steigerten wir noch das resultierende Chaos. Fötus Tim solle leben, forderten die z. T. minderjährigen katholischen Unterhaltungskünstler, während die Glücklichen und Rheinischen Arbeitslosen dagegenhielten, daß auch Tim, selbst wenn er das Licht der Welt erblicken sollte, nur auf rauhen Wegen einer frondienstfreien Zukunft entgegenschreiten würde. Dadurch aber ging das ursprüngliche Ziel etwas verloren. Also wurden wir zum »mobilen Arbeitslosenstammtisch« und schweiften etwas demonstrativ bis in die frühen Morgenstunden in der Stadt umher.

(Aus: *müßiggangster* Nr. 1, Oktober 1998)

Sparen wir uns die Ökonomie

Glückliche Arbeitslose in Köln
Die Rheinischen Fundamentalisten hatten am 21. August zu einer Veranstaltung mit einigen der Glücklichen Arbeitslosen aus Berlin eingeladen. 30 Leute kamen in die Galerie 68elf, wo dann vielfältig über ihr Manifest und die Aktivitäten der »müßiggangster« erzählt und diskutiert wurde. Ihr Text »Auf der Suche nach unklaren Ressourcen« ist als eine Mischung aus Kritik und frischfrechen Provokationen zur öden Arbeitsgesellschaft entstanden. Zur ihrer eigenen Überraschung wurde er von vielen tatsächlich als ernsthafter Ausdruck eines neuen Lebensgefühls angenommen, nämlich

als Befreiung von dem verinnerlichten Zwang, stets noch der Arbeit hinterherhecheln müssen zu wollen, trotzdem die Ökonomie immer mehr Arbeitsmonaden ausspuckt. Warum, so die nur naiv scheinende Frage, sollen diejenigen, die »nichts tun« (im Sinne des Erwerbs) dürfen oder wollen, nicht auch gut leben können? Warum sollen sie finanziell darben? Dieser Tabubruch mit der Arbeit und der Arbeitsmoral blitzte immer wieder in der Geschichte der Moderne auf. Ich denke an Paul Lafargue, Marx' Schwiegersohn, welcher das »Recht auf Faulheit« verlangte. Oder an Guy Debord mit seiner Parole »Ne travaillez jamais«, die 1968 die Pariser Häuserwände zierte. Heute mehren sich die Artikel gegen die Arbeit zusehends. Der Verdienst der Manifest-AutorInnen ist es nun gerade, dem bisher Kopflastigen eine gute Prise von Gefühl und Witz beigegeben zu haben, so daß die Inhalte für viele erst einmal verdaubar geworden sind. So transportieren sie den Tabubruch mit dem heiligsten unserer leistungsmanischen Gesellschaft in die beteiligten Köpfe. Dort sitzt nun der ständig bohrende Stachel und treibt das Überdenken des scheinbar Selbstverständlichen voran. Die innere Auseinandersetzung war auch in der Diskussionsrunde deutlich bemerkbar. Arbeit als Lohnarbeit stieß vielen auf. Doch die Glücklichen sehen den Arbeitsbegriff generell negativ – auch abgeleitet von dessen historischen Entstehung. Dies ging dann doch zu weit. Arbeit im Sinne von ernsthaftem Tun soll doch bitteschön weiter positiv zu besetzen sein. Demgegenüber traten die Glücklichen dafür ein, Nägel mit Köpfen zu machen, und auch solche Arbeit als Unwort zu streichen. So ist es ein Unterschied, wenn ich sage: »Ich gehe arbeiten!«; »Ich gehe und arbeite an meinem Bild«; oder ob ich sage: »Ich gehe los und male mein Bild weiter.« Am »Arbeiten« klebt das Lustfeindliche, das Müssen, das Aufgezwungene, was uns nur nicht mehr auffällt, weil wir es Tag für Tag leben müssen. Auch in diesem Sinne finde ich das Mani-

fest für befreiend; sich erstens die verkniffene arbeits-
protestantische Sozialisation eingestehen zu können
und zweitens eine gänzlich andere Perspektive denken
zu können. So verstehe ich das Manifest als einen tief-
gründigen Schrei nach gutem, eigenaktivem Leben –
miteinander und für sich selbst. Die AutorInnen sagen
selbst, sie hätten einen ersten Schneeball geworfen in
der Hoffnung, daß daraus eine Bewegung werde von
vielen, die nicht mehr arbeiten, sondern schlicht leben
wollen. Und genau dies einfordern und umsetzen. So
radikal die Glücklichen die geheiligte Säule der Arbeit
umwerfen, bleibt doch der damit verknüpfte zweite
Tabubruch – der mit dem Geld – im Manifest unscharf.
Ist es nicht erbärmlich, Brot zu backen, um Preisschil-
der darauf zu kleben? Doch sie stellten klar, daß sie
diesen zweiten Schritt ebenso vertreten. Die spannend-
fröhliche und doch beschwerliche Reise ins Ungewisse
eines Jenseits von Arbeit und Geld kann beginnen. Mit-
reisende gesucht.

Heinz Weinhausen
Institut für neue Arbeit – Mülheim, September 1998

Sonntagsspaziergang der Glücklichen
Arbeitslosen Halle

Treff: 9.30 h, Start 10.00 h, am Brunnen am Hubertus-
platz, Endstelle Heide.

Was Arbeitslosigkeit ist, dürften mittlerweile alle mit-
bekommen haben, was zum Teufel aber ist Glück? Wie
das schon klingt! Glück klingt verdächtig. Glück klingt
spießig. Glück klingt nach Heimatsender und Blasmusik
am Sonntagnachmittag, nach Kitsch und Klunker und
nach Romantik mit tödlichem Ausgang à la Marylin

104

Monroe. Glück ist und bleibt also verdächtig. In dieser Zeit zumal und in diesem Lande, dessen Bürger offenbar nicht in der Lage sind, ihre Geschicke selbst zu regeln und dies importierten Bürokraten überlassen müssen. – Wie nun weiter?

Wir als real oder potentiell glückliche, bekennende oder nicht bekennende, Geld- und/oder Arbeitslose, der Arbeit wie dem Müßiggang uns verpflichtet fühlende – jedenfalls auf dem Wege befindliche MENSCHEN (!), wollen den Versuch wagen, uns jenseits scheinbar noch unumgänglichen »Verwaltet-Werdens« eben nicht nur verwalten, entmündigen – d.h. leben – zu lassen, sondern auch mündig (i.S.d.W.) zu werden und zu leben: uns einander mitzuteilen, uns kennenzulernen und Ideen zu sammeln, wie die Welt noch aussehen könnte, die in uns wie auch die um uns herum. Eine Welt ohne das tödliche Dogma der Arbeit.

Glück in Unwissenheit, einer bekanntermaßen äußerst gefährlichen Sache, fiel schon so mancher zum Opfer; in der Informationsgesellschaft erst recht.

Glückliche Arbeitslosigkeit ist kein Zustand, sondern ein aktiver v.a. innerer persönlicher Prozeß, tätige und anspruchsvolle Muße, ist Weg und Ziel zugleich.

Aber wir wollen uns auch jenen öffnen, die vorerst in der Opferrolle passiver Verzweiflung eine Ruhestatt gefunden haben; wir üben uns in Toleranz und Akzeptanz gegenüber den Verletzten und Gestrandeten, die das Lachen nachhaltig verlernt und ihren Frieden gemacht haben in der Pflege von Resignation, suizidalen Gedanken und larmoyanter Depressivität; wir verschlimmern ihr Schicksal nicht noch dadurch, sie mit mitleidiger Anteilnahme in ihrem Jammer zu bestätigen. Neben Heroin und Psychotherapie ist auch der Freitod eine Lösung, der Unbill des Lebens entgegenzutreten für Menschen, denen Aktivität und Kreativität abgewöhnt, ausgetrieben, jedenfalls als Attribute sinnerfüllten Lebens abhanden gekommen sind.

Und wer von uns könnte schon behaupten, er wäre über jede Krise erhaben? Menschen sind nun mal begrenzt belastbar und es ist nicht nur in Deutschland eine über Generationen gewachsene Tradition, vielleicht eine urmenschliche Regung, sich in der reinen Opferrolle vor immer neuen Enttäuschungen zu schützen, von denen man aus Erfahrung ja weiß, daß man sie eh nicht verkraftet. Mag sich also jeder zumuten, was er vertragen kann, auch an Alkohol, an Nikotin und an Tabletten, jeder Mensch muß seine Rezepte finden, leben und verantworten. Wir maßen uns nicht an, zu wissen was das Beste für andere wäre und Wertungen sind nicht nur bequem und ungerecht, sondern auch lächerlich, unnütz, verletzend und diskriminierend. Das Leben ist schwer genug – ersparen wir uns und unseren Mitmenschen diese zusätzliche Bürde!

Auf der Suche nach alternativen Bewältigungsstrategien, vergeuden wir unsere Kräfte aber auch nicht damit, Menschen hinterm Ofen vorzuprügeln, die dort gut eingerichtet scheinen. Wir halten unser Angebot unaufdringlich und zurückhaltend bereit. Es wird allerorten bereits im Übermaß versucht, Unwillige zu ihrem Glück zu zwingen, von Propheten aller Couleur, die vorgeben, die Weisheit mit dem Löffel austeilen zu können.

Wir sehen keinen Anlaß, uns dieser Unart anzuschließen.

Alkoholiker in angetrunkenem Zustand müssen wir leider freundlich aber bestimmt an die Meetings der AA verweisen, die in allen Stadtteilen während der ganzen Woche gern neue Mitglieder begrüßen.

In diesem Sinne: spazieren, amüsieren und stützen wir uns! Das Los, arbeitslos zu sein, kann unser Hauptgewinn werden.

¡Que vivan los parados felices!
Es leben die Glücklichen Arbeitslosen!
(Per Zufall im Internet gefunden, keine Datumsangabe)

Busy Doing Nothing

»Wenn ich beschäftigt bin, schaut mich der Berg an
Wenn ich müßig bin, schaue ich den Berg an
Beide Dinge mögen gleich erscheinen
Doch gleich sind sie nicht
Da Beschäftigung der Muße unterlegen ist.«

Tsai Wen

Im Sommer 2000 fand in Hannover die erste »Internationale Frauenuniversität« (*ifu*) für Postgraduierte statt. Das dafür zuständige Kunstkomitee hatte u.a. die Glücklichen Arbeitslosen für eine Intervention im »Projektbereich Arbeit« (sic!) vorgesehen. Nachdem Widersacherinnen ihren Kampf gegen unsere Teilnahme an dem Prestigeobjekt aufgegeben hatten, hielten wir auf dem Universitätsgelände Einzug und durch bis zum bitteren Ende.

Im Nachhinein entstand folgendes Resümee.

Immer nur Arbeit

Auf Arbeit von Menschenhand wird aus technologischen und finanziellen Gründen immer noch nicht verzichtet. Je mehr Geld zu einem allumfassenden Kommunikationsersatz wird, desto stärker wird die Abhängigkeit davon und die Gier danach.

Die manuelle Produktion wird in Billiglohnländer ausgelagert, wo sich schon Kinder um diese neokolonialistischen Jobs reißen müssen, weil sie so ihre Familie ernähren können. Aufrichtig stolz auf der so erworbe-

107

nen materiellen Reichtum, in dem der Westen lebt, kann wohl niemand sein.

Rein moralisch hat der aufgeklärte westliche Mensch keine Bedenken mehr, mit seiner Kaufkraft um sich zu werfen. Die Kaufkraft hat sich zu einer gern gesehenen Charaktereigenschaft herausgeputzt. Man kauft »fairen« Kaffee heutzutage schon im Supermarkt und freut sich, den ehrlich schuftenden Campesino auch ehrlich zu unterstützen, denn für seine Plackerei bekommt er jetzt mindestens einen Dollar mehr pro Monat.

Über die Muße

Muße kann als Anachronismus bezeichnet werden. Nach Forschungen[*] der Glücklichen Arbeitslosen mußten wir feststellen, daß ein großer Teil der europäischen Bevölkerung »Muße« nicht kennt oder gar mit »Muse« verwechselt. Aus diesem Anlaß soll hier eine verkürzte Begriffserläuterung folgen:

»Muße ist das tätige Nichtstun, Möglichkeit und zugleich Grundbedingung der Selbstfindung, der Selbstverwirklichung, des Selbstseins wie auch der Partizipation an und Verwirklichung von Kultur, Kunst und Freizeit. Muße war z.B. in der griech. Polis durch die Arbeit der Sklaven ein ermöglichtes Privileg der ›freien‹ Bürger, und galt bis in die Neuzeit hinein auch als humanistisches Ideal und Statusmerkmal bestimmter Klassen (...)«

Weiter: die durch die »zweite industrielle Revolution möglich gewordene Neubestimmung des Verhältnisses von Arbeit und Muße [könnte] zu einer Verhinderung neuer Abhängigkeiten in Gesellschafts- und Konsumzwängen, von Streß (....) und zur Ausweitung mensch-

* Hierzu gab es 1998 eine Befragung mit anschließender Auswertung im Pavillon der Volksbühne im Rahmen einer Veranstaltung der »Initiative Kunstpause« aus Hamburg.

licher Freiheit (...) beitragen.« (Meyers Lexikon, ohne Ort und Datum)

Es entstand die Idee, die vernachlässigte Muße theoretisch und praktisch zum Gegenstand eines Projekts auf internationaler Ebene zu machen – einen gemeinsamen Versuch durchzuführen zur Entökonomisierung des Alltags, auf der Grundlage der antiken Differenzierung von »otium«, der freien Tätigkeit oder auch Muße, und »negotium«, der nicht freien, also verkäuflichen Tätigkeit.

Busy doing nothing – Das Konzept

Zunächst ging es darum, die Position der Glücklichen Arbeitslosen darzulegen. Dem Konzept von »Busy doing nothing« lag der internationale Vergleich von Menschen ohne Arbeit zu Grunde, eine Einladung in das Reich der Muße und des Nichtstuns – fernab vom Reich der Notwendigkeit. Eine Forschungsreise, auf der nicht unbekannte Subjekte, sondern die eigene Lebensweise, die eigene Muße untersucht und erlebt werden. Die jahrhundertealten geographischen Gegensätze sollten Gegenstand der gemeinsamen Annäherung an diese von Kunst und Wissenschaft immer wieder vernachlässigten Themen sein. Experimente sollten die Muße lebendig werden lassen und ihre Einbindung in die Lebensplanung der Teilnehmerinnen anregen. Natürlich gehörten dazu historische und linguistische Ausflüge, aber das Praktizieren von Muße sollte stets im Vordergrund stehen. Damit sollte sich »Busy doing nothing« klar von Arbeit und Arbeitskritik absetzen, um der Muße den Raum einzuräumen, der ihr gebührt.

Die Schärfe der hiesigen Kritik am Untätigsein offenbart die verführerische Kraft dieser Facette des Seins. Weil er sich das *Farniente* im eigenen Umfeld selbst nicht zubilligt, sucht es der moderne Mensch in der

Ferne – die westeuropäische Bevölkerung beschreibt diesbezüglich eine eindeutige Nord-Süd-Kurve und gibt gern der mangelnden Sonne die Schuld dafür. Gibt es diese starken geographischen Gegensätze außerhalb von Europa und wie stellen sie sich dar? Welche kulturellen Ursachen liegen der weitverbreiteten Schizophrenie zu Grunde, sich nicht guten Gewissens dem Nichtstun hingeben zu können, obwohl doch dieser Zustand sehr erstrebenswert ist?

»Busy doing nothing« war eine praktische Aufforderung, einen exakt durchorganisierten Zeitplan und die simple Unterteilung der Zeit in Arbeit und Freizeit zu durchbrechen. Hier sollten die ganz persönlichen Erfahrungen vor dem Hintergrund kultureller Gemeinsamkeiten und Unterschiede zum Tragen kommen.

Die Taten und Nicht-Taten

Aus »Busy doing nothing« entwickelte sich vor Ort mehr als nur »Muße unter Anleitung«. Meistens stellte sich die Muße von ganz allein ein. Es entstand eine Art heimlicher Wettbewerb, bei dem viele sich für die Mußekönigin hielten. Eine Teilnehmerin aus Bahia behauptete, die Faulheit der Einwohner dieser nordbrasilianischen Stadt wäre nicht zu übertreffen. Muße und Faulheit vermischten sich häufig. Doch im Rahmen der *ifu* mußte, wer Muße praktizieren wollte, zunächst Faulheit ermöglichen.

Da der (halb)öffentliche Raum der Universität ein mußefeindlicher Ort ist, waren wir (die Performancekünstlerin Anja Ibsch führte das Projekt mit mir gemeinsam durch) zunächst damit befaßt, einen Mußetempel zu errichten. Er bestand aus einem großem Zelt, in dem mehrere Sofas dazu einluden, die Dinge aus einer bequemen Lage heraus zu betrachten – eine Idee, die regen Zuspruch fand. Diese aufblasbaren Ein-Personen-

Sofas hatten unter anderem die günstige Eigenschaft, einfach nach hinten umzufallen, wenn sich die darauf sitzende Mußefreundin zu sehr bewegte.

Erlebte Muße kann nicht Gegenstand einer theoretischen Abhandlung sein. Es geht hier vielmehr um Anregungen, über die die Teilnehmerinnen von »Busy doing nothing« auch reichlich verfügten. Der Kampf um freie Zeit und zwar solcher Art, daß sie auch Muße tatsächlich zuläßt, ist ein Thema, das auf internationaler Ebene für Aufregung sorgen kann. Die Muße-Interessierten kamen vor allem aus Indien, Brasilien, Sierra Leone, Uganda, Rußland, Kirgisistan, Philippinen und der Türkei.

Die Teilnehmerinnen bemerkten schnell aufgrund ihrer Alltagserfahrung in Deutschland, daß der westeuropäische notorische Zeitmangel durch Vereinzelung verstärkt wird. In vielen anderen Kulturen ist Zeit vielmehr ein kollektives Gut und erfährt dadurch eine Wertsteigerung. In dem Moment, in dem Zeit kollektiv empfunden wird, tritt das Überwachen der eigenen Zeiteinteilung in den Hintergrund. Ein Beispiel dafür lieferte eine Inderin, die ausführlich verschiedene Zeremonien beschrieb, bei denen Zeit kollektiv verschwendet wird. Sich diesen Traditionen mit der Begründung zu entziehen, keine Zeit dafür zu haben, hieße, sich freiwillig ins soziale Aus zu begeben. Diesen traditionell geprägten Umgangsformen setzten europäische Teilnehmerinnen Erfahrungen entgegen, die von kleineren, aber doch weitverbreiteten Bewegungen gegen ein immer schnelleres und arbeitsreicheres Leben zeugen. Dazu gehören sowohl die Slow-food-Bewegung, als auch das Institut für Anti-Streß-Strategien, die Kunstsportgruppe der Umgehungstechnik, der Verein zur Verzögerung der Zeit oder das Institut für praktische Philosophie in Hannover, bei dem »Busy doing nothing« zu Gast war. Doch viel stärker als der kollektive Widerstand gegen ein Leben in Hochgeschwindigkeit auf europäischer Ebene, setzt sich der Rückzug in das Private durch, was hier nicht mit Familie gleichzusetzen ist.

Einen großen Anteil daran leistet die moderne Informations- und Kommunikationstechnologie. Auch an der *ifu* konnte diese Entwicklung beobachtet werden. Während Raum für einen Austausch von Angesicht zu Angesicht nur mangelhaft zur Verfügung gestellt wurde, nahm die virtuelle Kommunikation einen überhöhten Stellenwert ein. Hier steuerte »Busy doing nothing« aktiv und passiv gegen und bestätigte sich als notwendiger Kontrapunkt.

Unterschiedlich war auch die diskursive Annäherung an das Thema »Muße« im allgemeinen, denn wo Muße gelebt wird, erübrigt sich das Erörtern derselben. Außerdem betrachten Frauen, deren Umfeld stark von kollektiven Regeln und Zwängen geprägt ist, eine Diskussion über ein vereinzeltes Ausscheren als gegenstandslos.

Die vereinzelte Muße und die Klage über ihren Verlust spielt eine geringe Rolle dort, wo traditionelle familiäre Strukturen den Lebensweg der Einzelnen stark vorzeichnen. Der Zugang zur Thematik variierte auch mit den verschiedenen philosophischen Traditionen der Kulturen. Während Europäerinnen sich vor allem darauf ausrichten, den Ist-Zustand der Welt auf den von ihnen vorgestellten Soll-Zustand hinzubewegen, entsteht das Handeln in anderen Kulturen mit dem Realen im Realen, ohne daß ein Abstand dazu gesucht würde.

Rückblickende Gedanken

Unser Projekt ließ auf eine starke Spaltung innerhalb des sich angeblich annähernden und zusammenschließenden Europas schließen. Außer Türkinnen, Griechinnen, Portugiesinnen und Russinnen zeigten europäische Teilnehmerinnen kaum Interesse an »Busy Doing Nothing«. Bemerkenswert engagiert waren hingegen die

112

indischen, philippinischen, west- und ostafrikanischen sowie brasilianischen Teilnehmerinnen.

In Ländern, die traditionell von einer ausgedehnten Geldstruktur beherrscht werden, (etwa Deutschland, USA etc.) ist bereits nur die Vorstellung, nicht permanent für Geld, Dienstleistung oder Warenproduktion in Bewegung zu sein, anstößig. Durch diese Fixierung werden gegenläufige Modelle – in diesem Fall »Busy Doing Nothing« – als störend oder gar bedrohlich empfunden und abgelehnt. Auch die *ifu* war nicht in der Lage, konventionelle Arbeits- und Lebensverhältnisse auf den Kopf zu stellen, im Gegenteil.

Es zeigt deutlich, daß der strukturelle Aufbau privater Lebenssysteme in den materiell reichen Ländern zu einer Armut an Spontaneität, Wahrnehmungsfähigkeit und menschlicher Kommunikation führt. Unsere eigenen Erwartungen wurden weit übertroffen, als wir feststellten, mit welcher Herzlichkeit und Würde die Teilnehmerinnen einander und uns begegneten.

Durch die Sehnsucht nach dem Sich-Fallen-Lassen wurde unser Projekt zu einer Oase für die Teilnehmerinnen, die von dem streng reglementierten System der *ifu* teilweise überfordert waren. Die Wahrnehmungsfähigkeit wurde bei den Teilnehmerinnen von »Busy Doing Nothing« eher wiederhergestellt oder unterstützt als relativiert.

Es ging darum, einen Halt in der Zeit zu erschaffen. Das Mußezelt diente dabei als Kulisse für den eigentlichen künstlerischen Prozeß, der sich letztlich in den Köpfen und Herzen der Teilnehmerinnen abspielte. Eine brasilianische Studentin teilte uns mit, »Busy Doing Nothing« sei das gelungenste Kunstprojekt der gesamten *ifu*. Überrascht erwiderte ich, ich hätte sie noch nie im Zelt gesehen. Daraufhin erklärte sie mir, unsere visuelle Präsenz allein hätte sie von Anfang an sehr positiv beeinflußt und der von uns geschaffene Ruhepunkt wäre eine Art Seelenbalsam für sie gewesen.

113

Wir denken, daß alle, die sich darauf einließen, es nach dem Ende der *ifu* nicht vergessen werden, und darüber berichten und diskutieren.

Durch unsere überraschenden und verfremdeten Kombinationen von Zeit- und Sozialstrukturen konnten wir breite Irritationsfelder erzeugen. Diese verhalfen einerseits unserem Projekt vor Ort zu einem größeren Bekanntheitsgrad, werden aber auch sicherlich die Teilnehmerinnen über die *ifu* hinaus in ihren Lebensumfeldern beschäftigen.

Das eigentliche soziale Kunstwerk vollendete sich da, wo die Teilnehmerinnen selbst die Muße inszenierten.

In der Abschlußpräsentation von »Busy Doing Nothing« bestiegen neun Mußefreundinnen die Bühne eines mit etwa 300 Zuschauerinnen besetzten Saales, um es sich auf ihren Sofas bequem zu machen. Eine nach der anderen ließ sich auf ein Sofa fallen und verharrte in der bequemsten Stellung. Das Publikum erwartete offenbar ein wichtiges und gut durchdachtes Resümee. Minutenlang geschah jedoch nichts. Dann begann sich die innere Gelöstheit von der Bühne auf das Publikum zu übertragen und verwandelte die ständige Anspannung, die an der *ifu* zu spüren war, in entspanntes Gelächter.

»Durch Nichtstun die Welt erobern« – empfiehlt das Taoteking. Das sei möglich, weil in der Passivität Ruhe liege und »wenn die Ruhe wieder zur Tätigkeit wird, ist jede Tätigkeit richtig... Untätigkeit bedeutet, mit sich selber im Frieden zu sein und wenn einer mit sich selbst im Frieden ist, können ihm Kummer und Sorge nichts anhaben, und er hat ein langes Leben.«

Mila Zoufall
2001

114

Eine Idee setzt sich durch

Auch ohne unser Zutun schließen sich erfolgreich Glückliche Arbeitslose zusammen, z.B. in Göttingen, wo ein einheimischer Müßiggangster mit einer durch »lockeren Tanz« eingeleiteten Ansprache an der unbeliebten Herbstmüdigkeit rüttelte. Auf seinen Vortrag hin kam es zu einer ersten Zusammenkunft von lokalen Gleichgesinnten.

Bei einer Tagung der Heinrich-Böll-Stiftung zu dem originellen Thema »Zukunft der Arbeit« (Leipzig, November 1998) nahm ein Redakteur des *müßiggangster* an einer »Arbeitsgruppe« (die Zukunft fängt gut an!) teil und konnte seine Einwände gegen die dort vertretenen Visionen der »Bürgerarbeit« und des »Nicht-Profit-Sektors« vorbringen. (...)

Eine unkonventionelle Redakteurin verschaffte im Dezember den Glücklichen Arbeitslosen auf Deutschlandradio Gehör. Die Kassette mit unserem hausgemachten halbstündigen Hörstück »Nicht in Betrieb« aus der Reihe »Working Class Heroes« kann man für 10 Mark in Briefmarken bestellen.

Im März 1999 nahmen drei Glückliche Arbeitslose an einem Erzählcafé, diesmal zum Thema »Arbeit und Liebe«, ausgedacht und durchgeführt von zwei reizenden Damen vom Staatsschauspiel Dresden, teil. Zu unserem Bedauern mußten wir feststellen, daß die Liebe nicht die

Zunge löst. Aber immerhin gab es eindeutige Hinweise, daß man uns verdächtigt, ein aufregenderes Liebesleben zu haben, obwohl doch »erfolgreiche Männer erotischer« sein sollen. In diesem Sinne wünschen wir dem jüngsten Gast, der auf dieser Welt ist, »um Beziehungen herzustellen«, viel Erfolg!

Ein soziales Trampolin muß das soziale Netz ersetzen, so Schröder kurz nach seiner Amtsübernahme. Am 16. November wurde dieses Programm von einem Dutzend glücklicher Arbeitsloser beim Sozialamt Prenzlauer Berg getestet, unter dem Motto »Jugend trainiert für den ersten Arbeitsmarkt«. Das Trampolin hatten wir mitgebracht, doch weigerten sich die anwesenden Sozialhilfeempfänger zu springen. Damit wurde die Regierungspolitik offiziell für gescheitert erklärt.

Ausland:

Nachdem sich das Gespenst des Glücklichen Arbeitslosen bereits eine Bahn durch den französischen Dschungel geschlagen hatte, (Neuauflage der »Chômeurs heureux«, Dezember 98, Edition Kéraunos), pilgerte er entschlossenen Schrittes gen Süden und erreichte binnen Kürze Spanien.

Die strebsamen Iberer sorgten gleich für zwei Übersetzungen – eine von Edition Chipichanga, Sevilla, und eine weitere von Edition Virus, Barcelona. Welche der beiden Übersetzungen die »Parados Felices« (so sagt man auf Spanisch) aus Valencia zur Gründung einer eigenen Gruppe inspirierte, ist uns bisher nicht bekannt. Die andalusischen Übersetzer hielten es jedenfalls für unvermeidbar, ein Vorwort hinzuzufügen (siehe »Der andalusische Bund«, S. 118). Die Vergnügungsreise zweier Glücklicher Arbeitsloser aus Berlin nach Sevilla im März wurde zur Reise in eigener Sache: Bei ihrer

Ankunft wurde ihnen eröffnet, daß zwei Diskussionsabende mit anschließender Fiesta geplant seien.

Am ersten Abend, der in einem Viertel von Sevilla stattfand, wo die meisten seit eh und je ohne feste Anstellung zu überleben gelernt haben, ging die Diskussion eher um die Erhaltung der informellen Netze und der pulsierenden Geselligkeit, welche nun durch die europäische Gleichschaltung bedroht werden. In Málaga hingegen, das mit allen heruntergekommenen Hafenstädten Europas vergleichbar ist, rückte der dramatische Mangel an finanzieller Unterstützung in den Vordergrund. Eine dortige Arbeitslosengruppe besetzt regelmäßig Supermärkte und Luxusrestaurants und verhindert, daß Mieter aus ihren Wohnungen geworfen werden. Obwohl es in erster Linie um Notlinderung geht – sie nehmen sogar Jobsuche und -vermittlung in der Tourismusindustrie in Kauf –, bleibt doch der Horizont der Glücklichen Arbeitslosigkeit auch in Málaga in Sicht. Außerdem war unser Besuch ein willkommener Anlaß zum Feiern, und wir wollten den compañeros in diesem Punkt unsere Unterstützung nicht versagen. Am Aufbau der ersten Internationale des neuen Jahrtausends wird jetzt in Portugal gebastelt, wo die Übersetzung des »Manifests« bereits im Gange ist.

(Aus: *müßiggangster*, Nr. 2, Frühling 1999)

Der andalusische Bund

Hierzulande pflegen sich Lebenskünstler ihren Lebensunterhalt nicht in Warteschlangen der Arbeitsämter zu
erstehen, sondern vielmehr in Kneipen und auf öffentlichen Plätzen zu suchen. Nicht nur der Zigeuner mit der
Dose, die Alte mit dem Rosmarin oder jener »Winstonero«, der auf dem Karneval mit der Roten Ampel auf dem
Rücken herumlief, die freiwilligen Parkplatzzuweiser
mit den kleinen Pupillen und all die fliegenden Händler[*]. Hier posaunt jeder seine guten Dienste auf der
Straße aus, preist gerade noch so seine stümperhaften
Künste und seine Wissenschaft vom Schachern an. Hier
ist es zum Überleben notwendig, Beziehungen aufzubau-
en – ein Brauch, der älter ist als das klapperdürre System des »sozialen Netzes«. Und der Geldmangel in
diesem lauten Durcheinander von sich überkreuzenden
Existenzen wird durch eben jene Rastlosigkeit, jene
unaufhörliche Bewegung des Lebens, das wir suchen,
gelindert.

Weiter nördlich hat die Industrie diese Bindungen
gelockert oder gelöst und eine Wendung des Lebens in
ein vertraulicheres, verinnerlichteres Gefühl bewirkt

---

[*] Das alles sind Sevillanische Persönlichkeiten, die sich ihre
paar Kröten meist mit ungefragten Dienstleistungen verdienen: So ist es für einen Autofahrer in Sevilla schwierig, den
vielen selbsternannten Parkplatzeinweisern zu entkommen
und an der Ampel werden einem billige Zigaretten Marke
»Winston« verkauft. Der »Winstonero« verteidigt sein Terrain
auch auf dem Karneval und wenn es dort keine rote Ampeln
gibt, klebt er sie sich eben aus Karton auf den Rücken.

(zwischen den Mauern der Fabrik, zu Hause, in den Köpfen) Der i-Punkt dieser zersetzenden Arbeit waren die Arbeitslosigkeit sowie die vermittelnde Hilfe des »Wohlfahrtsstaates« (schwacher Ersatz für die vormalige Gegenseitigkeit). Der soziale Frieden wird mit der Zusicherung der Sozialhilfe erkauft. Den Armen gilt diese Grundsicherung, ebenso wie die Arbeit, trotz ihres schnellen Verschwindens, weiterhin als grundlegender Wert jeder Gesellschaft. Beides führt zu Reaktionen jeder Art: passivem Widerstand, Blaumachen, Ohnmacht und Schuldgefühl, Isolation, Fatalismus, Depressionen, Selbstmord, Wut... Andererseits rufen sie aber auch soziale Bewegungen hervor, deren Ziel die Wiederherstellung menschlicher Verbindungen ist, mittels aktiver Kritik der Arbeitslosigkeit und Ausgrenzung, aber auch der Arbeit selbst.

Trotzdem nehmen diese Unterschiede zwischen Nord und Süd innerhalb der Festung Europa tendenziell ab. Hartnäckig wird darauf bestanden, uns dahin zu bringen, dem benachbarten Afrika den Rücken zuzukehren. Stärker als in anderen Regionen werden die Brüsseler Rezepte hier eilfertig, willkürlich und mechanisch zur Anwendung gebracht. Nach und nach verschwindet die informelle Wirtschaft, wird das soziale Leben steril, ohne daß diese Lücke durch Zuschüsse wie im Norden ausgeglichen würde. Währenddessen werden Zeitarbeitsunternehmen gesetzlich erlaubt und so getan, als gäbe es keine Tagelöhner mehr. Sie wollen atomisieren, uns ihre Einsamkeit aufzwingen.

»Es ist nicht zu bestreiten, die Zivilisation braucht Sklaven«, schrieb Oscar Wilde im letzten Jahrhundert. »Aber immer weniger«, fügte schlau der Technokrat von heute hinzu. Diese eurozentristische Normalisierung droht, die Landschaft ein bißchen mehr zu verwüsten. Und die offizielle Antwort auf die soziale Frage könnte sich auf den Bau neuer Gefängnisse beschränken.

Das Manifest der Glücklichen Arbeitslosen, das wir

hier vorlegen und das ein klangvolles Echo in Deutschland und Frankreich hatte (es ist sogar bis nach Kolumbien gereist), hat den Verdienst, gegen ein sich täglich ausbreitendes und immer mehr verschwiegenes Elend loszudonnern. Außerdem wagt es den Entwurf einer Suche nach kollektiven Lösungen, von unten, nach unserem Geschmack, anstatt nach unwahrscheinlichen makroökonomischen Verbesserungen zu rufen. Locker provozierend, aufbrecherisch und konstruktiv stellt es fest, daß man, um aus einer Sackgasse herauszukommen, dem Verkehr entgegen fahren muß. Und daß man es sagen muß.

Los Chipichangas
Sevilla
Übersetzung aus dem Spanischen: Mila Zoufall
(Aus: *müßiggangster*, N. 2, Frühling 1999)

120

Grenzen der Ausstrahlung

Sehr geehrte Frau Zoufall,
(...) Als verantwortlicher Redakteur arbeite ich derzeit an einer
Ausgabe der RTL-Talkshow Ilona Christen. Die Sendung hat
das Thema »Mit 18 zum Sozialamt«. Die Aufzeichnung findet
am 10. Juni um 18.30 Uhr in den MMC-Studios in Hürth statt.
   In der Sendung möchten wir jungen Menschen, Sozialarbei-
tern, Projektgruppen etc. die Gelegenheit geben, die Problematik gemeinsam mit Experten zu diskutieren Grundlage der
Sendung sind die vielen Presseveröffentlichungen (u.a. Bericht
der Deutschen Armutskonferenz) der vergangenen Tage, in
denen über die zunehmende Zahl junger Sozialhilfe-Empfän-
ger (in vielen deutschen Städten sind bereits über 40 Prozent
18 und jünger) berichtet wurde.
   Hierzu würde ich Sie gerne einladen – anonym selbstverständlich. Denn ich glaube, es wäre interessant zu erfahren,
*wie Sie es geschafft haben, mit dieser Lebenssituation positiv
umzugehen.* Ich würde mich daher sehr freuen, wenn Sie meiner Einladung nachkommen würden. Aber vielleicht haben Sie
ja auch erst einmal weitere Fragen. Natürlich stehe ich Ihnen
jederzeit hierfür zur Verfügung. Falls Sie zusagen, würden wir
uns vor der Sendung auch persönlich kennenlernen und den
Ablauf auch detailliert besprechen.
Grüße aus Köln

Josef Kaiser

Sehr geehrter Herr Kaiser,
Ihre Einladung lehne ich dankend ab. Glückliche Arbeitslose
ziehen es vor, sich selbst zu vermitteln, anstatt das Fernsehen
einzuschalten. Sie dürfen uns aber gern anstelle eines Hono-
rars finanziell unterstützen – in Form von Geldscheinen oder
Porto. (...)
Mit besten Grüßen

Mila Zoufall

Eine weitere Einladung zur selben Talkshow folgte von einem Herrn Kunert aus Berlin, ein Ilona-Christen-Agent, der sich mit mir vor Ort treffen wollte. Er erhielt daraufhin dasselbe Antwortschreiben wie Herr Kaiser. Die Reaktion:

Liebe Mila Zoufall,
danke für das Fax, auch wenn ich nicht weiß, warum Sie mich mit »Herr Kaiser« anreden. Ich bin nun wirklich nicht von der Hamburg-Mannheimer. Aber zu Ihrer Absage. Ich finde ja, daß Ihre Argumentation nicht so ganz stimmig ist, denn im Fernsehen sein, heißt ja nicht, Fernsehen einzuschalten.

Und außerdem: Wenn es für Sie der richtige Weg ist, sich selbst zu vermitteln – was immer das heißen mag –, anstatt den Fernseher einzuschalten, dann hätten Sie doch durch die Ilona-Christen-Sendung die Chance, dies denen klarzumachen, die vor dem Fernseher hocken. Oder? Beste Grüße,
Gernot Alwin Kunert

Herr Kunert erhielt dann von mir eine Antwort, in der ich um genauere Informationen bat – schließlich war ich scharf drauf zu erfahren, auf welche Weise man an uns Geld verdienen wollte. Herr Kunert schlug mir dann dummerweise nur ein Treffen vor, das käme ihm recht, da er auch mit Herrn Schlingensief verabredet wäre. Ich ließ mich zu einer letzten Antwort verleiten:

Sehr geehrte Herren Kunert, Kaiser
oder wie auch immer,
es besteht ein deutlicher Unterschied zwischen dem Einschalten eines Fernsehers und des Fernsehens, zwischen eigener und medialer Vermittlung. Da Sie das nicht verstehen, kann ich Ihnen bestätigen: Sie haben den richtigen Beruf gewählt. Sie scheinen tatsächlich davon überzeugt zu sein, daß ich mich als Expertin in Sachen Glücklicher Arbeitslosigkeit auf Ihr bagatellisierendes Show-Niveau begebe, ob nun Christen oder sonstwer, und wollen mir eine »Chance« geben.

Ich als Glückliche Arbeitslose ergreife meine Chance jeden Augenblick, und zwar im wahren Leben. Nicht zu arbeiten, und schon gar nicht für solche, die an mir Geld verdienen wollen, ist mir eine Lust.

Aber bei Herrn Schlingensief sind Sie bestimmt richtig, der kann es sich nicht leisten, eine solche Gelegenheit zur Selbstdarstellung auszulassen. Geben Sie dem armen Mann eine Chance!

Im übrigen, Herr Kaiser, Anonymität im Fernsehen bewahren zu wollen, ja es auch nur vorzugeben, halte ich für die absurdeste Idee seit der Erfindung dieser Kiste, aber ich will Sie nicht überfordern.

Auch Sie werden arbeitslos! Es grüßt

Mila Zoufall

Sehr geehrte Frau Zoufall,
es reicht jetzt. Bitte belästigen Sie mich nicht länger mit Ihren arroganten Faxen. Sie haben abgesagt und das ist okay.
P.S. Wir hätten Sie übrigens nicht als »Experten« eingeladen, sondern als *jemand, der das Sozialsystem jahrelang systematisch mißbraucht hat.* Wir werden die Sendung auch ohne Sie hinbekommen.

mfg *Josef Kaiser*

(Aus: *müßiggangster* Nr. 1, Oktober 1998
Hervorhebungen von der Redaktion)

Nachwort 2002: Da trotz dieser klaren Absage Einladungen von Fernsehfuzzis jeder Marke nie nachließen, fühlten wir uns genötigt, weitere Angebote mit folgender Pauschal-E-mail automatisch zu beantworten:

Sehr geehrte Damen und Herren,
liebe Desinformationsdealer und -innen,
nehmen Sie bitte diese Ablehnung nicht persönlich: Aus Prinzip verweigern die Glücklichen Arbeitslosen Fernsehauftritte jeder Art. Kein anständiger Mensch kann es dulden, sich wie eine alte Nutte bepudern zu lassen. Für Ihre tägliche Dosis Klamauk werden sich wohl andere Produzenten finden lassen. Mit freundlichen Grüßen,

Die Glücklichen Arbeitslosen
Bitte antworten Sie nicht auf diese Mail, da sie maschinell erstellt wurde.

Alle lieben uns – doch wir lieben nicht alle

Über verschiedene Versuche, die Glücklichen Arbeitslosen zu vereinnahmen und verharmlosen:

1. Alte Sklaverei

Internet ist groß und sein Prophet heißt Google! Wer da den Suchbegriff müßiggangster eingibt, kann auf erstaunliche Rezensionen stoßen, wie diese zum Beispiel: »Der jetzt in Berlin gegründeten Zeitschrift *Der Müßiggangster* wünscht Pankraz Glück und gutes Gedeihen. Die Redakteure dort möchten den ›Wert der Arbeit‹ auf breitester Front bezweifeln und relativieren; so etwas war wirklich schon lange fällig und läßt interessante Beiträge erwarten. Mit dem Titel des neuen Organs kann man freilich, so lustig er klingt, seine Schwierigkeiten haben. Seit wann sind Müßiggänger Gangster? Ein einziger Blick gerade in die vornehmste europäische Geistestradition genügt doch, um das Gegenteil zu erweisen.« Darauf folgen nicht abwegige Einsichten dieses »Pankraz« über die Tugend der Muße im alten Griechenland. Das Schlußwort lautet: »Nicht nur Gangster sind heutzutage dagegen, daß man sein Brot ›im Schweiße seines Angesichts‹ essen soll.«

Dieser Beitrag erschien in der *Jungen Freiheit* vom 17.7.98 und ist seitdem in ihrer Netzdomäne archiviert, was ein anderes Licht auf den verwendeten Ausdruck »auf breitester Front« wirft. Wie man weiß, ist die *Junge Freiheit* das Organ des rechtsradikalen Chic und der

124

entsprechend behandelt und bezahlt. Wenn hingegen Arbeitslose einen Text schreiben, kann es sich nur um eine Art »Bürgerarbeit« handeln, die es nicht verdient, entlohnt zu werden. Der Nachdruck an sich ist ja schon Belohnung genug. Selbstverständlich wird nicht nach ihrer Meinung gefragt: Soziologen sind eben da, um allein über die Kriterien von Arbeit und deren Bezahlung zu urteilen. Was würde denn aus der Begriffspolizei werden, wenn solche Entscheidungen den Betroffenen selbst überlassen würden?

Trotz allen beschönigenden Gequassels heißt bei Beck die Zukunft der Arbeit unbezahlte Ausbeutung und die der Demokratie autoritäre Entscheidungen von Spezialisten. Seine »Zweite Moderne« riecht modrig. Nun wird der große Querdenker Gelegenheit haben, Beispiele des von ihm gelobten »schöpferischen Ungehorsams« zu bewundern.

Die Glücklichen Arbeitslosen
6. April 2000

Nachwort: Schließlich kam der Fall nicht bis zum Prozeß. In Vorverhandlungen wurde vom Suhrkamp Verlag sowohl eine angemessene finanzielle Entschädigung als auch eine Richtigstellung in den gedruckten Exemplaren bewilligt und ein Verzicht, unseren Text in einer zweiten Auflage nachzudrucken. Nichtsdestotrotz bleibt die Kritik an Beck nach wie vor aktuell.

(Aus: *müßiggangster* Nr. 3, Sommer 2001)

Es geschah in Ihrer Nähe
Über einen tödlichen Fall von Zumutbarkeit

Am Morgen des 6. Februars 2001 wurde in Verden Klaus Herzberg von Werner Braeuner erstochen. Klaus Herzberg, 63, war Direktor des dortigen Arbeitsamtes; Werner Braeuner, 46, ein arbeitsloser Maschinenbauingenieur. Kurz davor war Braeuners einzige Einkommensquelle, die Arbeitslosenhilfe, vom Arbeitsamt gestrichen worden. Eine Stunde nach der Tat stellte er sich der Polizei. Jetzt sitzt er im Verdener Gefängnis und wartet auf seinen Prozeß.

Wir kennen die beiden Beteiligten dieser katastrophalen Geschichte persönlich nicht. Aber den zweifellos gesellschaftlichen Kontext kennen wir aus eigener Erfahrung. Unleugbar ist der Zusammenhang zwischen der dienstlichen Machtposition des Opfers und der verzweifelten Reaktion des Täters. Damit löst sich der Fall aus den sonstigen »vermischten Nachrichten« heraus und wird zum Symptom einer wachsenden Krise. Denn erstaunlich ist hier allein, daß solche Ausbrüche nicht öfter vorkommen. In Sozial- und Arbeitsämtern gären täglich Gewaltgelüste. Immer wieder haben wir dagegen zu kämpfen, daß einer von uns durchdrehen und das eigene Leben kaputt machen könnte – sei es durch Selbstmord oder einen unkontrollierten Anfall, der ihn im Knast landen lassen würde.[*]

* Falls es noch nicht deutlich genug gemacht wurde: Glückliche Arbeitslose leugnen nicht die herrschende Verzweiflung, im Gegenteil, sie entwickeln präventive Gegenmaßnahmen gegen sie.

128

Es geht hier weder darum, die Tötung eines Menschen zu rechtfertigen noch zu urteilen (andere werden es tun!), sondern ihren sozialen Hintergrund zu untersuchen. Werner Braeuner galt als ein intelligenter, humorvoller und friedfertiger Mensch. Und doch ist er bis zu einem Punkt durchgedreht, daß er das Leben anderer und das eigene zerstörte. Wer die Wiederholung solcher Dramen vermeiden will, sollte sich zunächst fragen, wie und warum sie überhaupt zustande kommen und die gesellschaftliche Logik des Wahnsinns hinterfragen, welche der wahnsinnigen Logik der Gesellschaft gleichkommt.

Grund unserer Stellungnahme ist vor allem folgender: Viele waren hierzulande in Kontakt mit Braeuner. Es sind engagierte Menschen, die sich gewöhnlich den Mund mit dem Wort »Solidarität« vollstopfen. Doch seit Februar schweigen sie fast ausnahmslos und lassen ihn hängen; sei es, weil ihnen eine solche Geschichte zu unpolitisch erscheint, oder aus Angst, selbst kriminalisiert zu werden.* Es waren zunächst Franzosen aus der Erwerbsloseninitiative AC!, die eine Unterschriftensammlung gestartet haben, um die Blockade zu brechen, die sich in Deutschland gegen diesen Fall richtet.

Werner Braeuner war seit acht Jahren arbeitslos. Es gibt in Deutschland um die 76.000 arbeitslose Ingenieure, viele davon in Braeuners Alter, also zu alt für den Arbeitsmarkt. Die Chancen, wieder als Ingenieur eingestellt zu werden, sind da gleich null. Was kann man in diesem Fall tun? Wenigstens versuchen, seine Zeit sinnvoll zu gestalten. Seit 1998 hatte Braeuner, wie er selbst

---

* Eingeschüchtert von der lokalen Presse, die den Verzweiflungsakt als bewußtes »politisches Fanal« stilisierte: »So habe er sich auch im linken Netzwerk ›Hoppetosse‹ engagiert, das im Internet zu ›kreativem Widerstand gegen den Kapitalismus‹ aufruft«, wurde angedeutet: Tötung zählt zum kreativen Widerstand.

schrieb, seinen »Heimatzusammenhang in der europäischen Erwerbslosenbewegung« gefunden. Er übersetzte Texte aus Frankreich, engagierte sich in der BAG-Erwerbslose und nahm an zahlreichen Internet-Foren aktiv teil. Bei der *Bild*-Zeitung heißt dies: »Schließlich flüchtet er aus der Realität in die Virtualität. Im Internet sucht Werner B. unter dem Namen ›aidos‹ (griech.: personifiziertes Ehr- und Schamgefühl) nach Leidensgenossen, anstatt sich um Arbeit zu kümmern.« Eine perfekte Umkehrung der Wirklichkeit: Die Flucht in die virtuelle Realität bestünde doch darin, verzweifelt einer Arbeit hinterherzurennen, die es nicht gibt! Statt dessen versuchte Werner Braeuner, die Umstände zu reflektieren, die ihn in diese prekäre Lage versetzt hatten. Wenn »die Realität« uns nicht mehr braucht, ist die Frage, ob wir diese Realität überhaupt brauchen, nur legitim. Im übrigen ist die Verknüpfung europäischer Netzwerke und Initiativen eine durchaus gemeinnützige Tätigkeit: Nur so wird eine breite soziale Bewegung entstehen können, die einzige Besserungschance dieser kranken Gesellschaft.

Hier eine kleine Abschweifung: Es gibt in Deutschland Menschen, die ihre ganze Zeit damit vergeuden, über Alternativmodelle zur Arbeitslosigkeit und Finanzierungsentwürfe zu labern. Dafür werden sie selbstverständlich bezahlt: Keine zehn Minuten brauchen sie, um bei irgendeiner Tagung das Monatsgehalt eines Sozialhilfeempfängers zu verdienen – wohlgemerkt: vom Steuerzahler finanziert. Und doch werden sie nicht Drückeberger genannt, sondern Soziologen. Noch niemand hat bisher verlangt, einen Ulrich Beck zur Spargelernte zu schicken. Wenn sich hingegen Arbeitslose selbst über das eigene Schicksal Gedanken machen und nach konkreten Alternativen streben, dann werden plötzlich die paar hundert Mark, mit denen sie auskommen müssen, zur unerträglichen Ausbeutung der arbeitenden Bevölkerung. Man wird uns vielleicht erwidern, daß unquali-

fizierte Arbeitslose im Gegensatz zu akademischen Spezialisten keine intelligente, brauchbare Theorie entwik-
keln können, sondern nur dumm schwatzen. Um diesem
Vorurteil entgegenzutreten, haben wir in der neuesten
Ausgabe des *müßiggangster* einen von Braeuners zahlreichen Aufsätzen dokumentiert. Man wünscht sich
mehr Beiträge dieses Kalibers.

In dieser traurigen Geschichte scheint die Illusion des
Virtuellen doch eine Rolle zu spielen, bloß auf eine ganz
andere Weise als von den Wurstblättern angedeutet.
Auffällig ist im nachhinein die Diskrepanz zwischen den
zahlreichen elektronischen Kontakten, die Werner
Braeuner Tag für Tag unterhielt und der konkreten
Isolation, in der er lebte. Eine solche Situation ist kenn-
zeichnend für die neue digitale Gesellschaft im allgemeinen – permanent werden Wörter und Bilder in sogenannter Echtzeit ausgetauscht, während der echte Zeit-
raum der subjektiven Erfahrung zunehmend vereinsamt
erlebt wird. Was die vernetzte Politik mit ihren virtuellen Foren und Online-Demos betrifft, hat eine solche
Trennung fatale Folgen. Dort sind die alten politischen
Werte des Gemeinwesens und der Solidarität zu reinen
Abstraktionen geworden. Man darf debattieren so global
wie man will, unangetastet bleiben alltägliche Isolation
und Ohnmacht.

In diesem Sinne ist Braeuners Verzweiflungsakt keine
»infra-politische« Erscheinung, sondern ein Folgezeichen
des Versagens von Politik im digitalen Gewand. Gerade
weil es zur Zeit keine Perspektive einer kollektiv errun-
genen Milderung – geschweige denn Lösung – des sozialen Elends gibt, entfaltet sich die individuelle Verzweiflung, manchmal mit blutigen Folgen. Mag dieses bittere
Beispiel als Warnzeichen dienen.

Mit der prekären finanziellen Lage mehren sich
Braeuners Schwierigkeiten. Er leidet unter heftigen
Rückenschmerzen. In der kleinen Wohnung häufen sich
die Streitereien mit seiner Freundin. Noch vor der Ge-

burt seiner Tochter zieht er aus und mietet ein Zimmer im Nachbardorf. Dort scheint er extrem vereinsamt gelebt zu haben. All diese Einzelheiten werden wahrscheinlich vor Gericht als eine Reihe von »persönlichen Problemen« aufgelistet werden. Experten werden womöglich feststellen, daß alles mit irgendeinem Kindheitstrauma zusammenhängt – oder moderner: genetisch bestimmt ist. Jedoch ist nicht zu übersehen, daß solche »privaten« Angelegenheiten von einem harten gesellschaftlichen Druck bestimmt sind.

Im Juli 2000 bewirbt sich Werner Braeuner für eine vom Arbeitsamt vermittelte Umschulung zum 3D-CAD-Konstrukteur. Ende November bricht er die Maßnahme ab, weil sie »nichts bringt«. Die Hälfte der Zeit hat er dort nichts zu tun. Dieses Gefühl kennen alle, die freiwillig oder nicht solche Simulationsmaßnahmen besuchen durften. Bloß um behaupten zu können, daß sich »was gegen die Arbeitslosigkeit tut«, wird uns das einzige beschlagnahmt, daß wir noch haben: unsere Zeit. Die Enttäuschung ist um so bitterer für diejenigen, die sich ernsthaft eine Fortbildung gewünscht hatten, um schließlich von unqualifizierten Trainern in einem Wartesaal überholtes Wissen schlucken zu müssen. Noch weniger erträglich als erzwungener Stillstand ist ein vorgetäuschter Ausweg. Doch wehe, wer sich von der erteilten Rolle und dem zugewiesenen Platz aus eigener Entscheidung löst. Damit wird ein gesellschaftlicher Bruch begangen. Der Arbeitslose wird zum Delinquent, welcher nicht mehr mit »repressiver Toleranz«, sondern mit Strafe behandelt wird.

Um seine Entscheidung zu begründen, die Umschulung abgebrochen zu haben, schreibt Braeuner dem Arbeitsamtsdirektor zwei Briefe hintereinander. Mitte Januar trifft er im Amt zufällig auf Herzberg, vergebens versucht er, ihn erneut zum Einlenken zu bringen. Gesetzlich sei keine Ausnahme erlaubt, so der Direktor. Keine Diskussion, kein Ausweg.

Am 1. Februar erhält er den Bescheid für die Sperre. Zunächst erwägt Braeuner, sich umzubringen. Hätte er es getan, dann wäre er als guter Arbeitsloser gestorben und mit drei Zeilen in der Lokalzeitung geehrt worden. »Ein Verzweifelter hat sich gestern das Leben genommen. Er war seit acht Jahren ohne Arbeit.« Der Zeitungsleser hätte vage Mitleid empfunden, und die Naturseuche namens »Arbeitslosigkeit« verflucht, die unweigerlich menschliche Leben zerstört. Allerdings wäre die Tragödie diskret gehalten worden. Keine monatliche Arbeitslosenselbstmordquote wird veröffentlicht, obwohl diese eigentlich zur Besserung der Wirtschaftslage beiträgt. Aber schließlich richtet Braeuner die eigene Verzweiflung nicht unmittelbar gegen sich selbst. Vielleicht denkt er, der institutionellen Ungerechtigkeit würde damit ein zu großer Gefallen getan werden. Jedenfalls geht er an jenem Morgen auf denjenigen los, der in seinen Augen den Mechanismus seines Ausschlusses verkörpert.

Über das Opfer selbst ist wenig zu erfahren. Auf dem Foto sieht Klaus Herzberg aus, wie man sich eben einen 60jährigen Angestellten vorstellt. Auch sein abgebildetes Domizil ist das idealtypische Mittelstandshaus mit Garage und gut gepflegtem Rasen. Glaubt man der *Bild*-Zeitung (aber wer kann das schon?), soll er sich an jenem Morgen in Vorfreude befunden haben, mittags der Presse verkünden zu können, daß »die Arbeitslosenquote auf 6,9 Prozent (12174) gesunken« war.

Groteskerweise fügen die Schmierfinken hinzu: »Einer will das unbedingt verhindern« – als ob die Nachrichtenmitteilung mit Gewalt verhindert werden könnte! Die düsteren Details werden uns nicht erspart. Klaus Herzberg wird »durch zahlreiche Stiche eines Dreikantschabers auf den Schädel« tödlich verletzt. Kein schönes Bild. Er hinterläßt eine Frau und zwei Kinder. Man stellt sich die Tränen vor, die Leere, die unbeantworteten Fragen.

Wir werden hingegen nie wissen, wie sich der Arbeitsamtsdirektor fühlte, als Arbeitslose ihn baten, die Stütze nicht zu streichen. Hatte er Gewissensbisse? Oder
freute er sich, Drückeberger in die Falle gebracht zu
haben? Nahm er überhaupt die gebrochenen Existenzen
wahr, die sich hinter jener Quote verbergen, die er
dienstmäßig zu senken hatte? – 6,9 Prozent diesen Monat, eine hübsche Zahl! Schließlich sind das unwesentli-
che Fragen. »Der Tod hat nicht der Person Klaus Herzberg gegolten, sondern der Institution Arbeitsamt«, so
Jagoda, der Präsident der Bundesanstalt für Arbeit, bei
der Trauerfeier. Eine solche Feststellung ist zweideutig:
Zwar kann gerade wegen der Unpersönlichkeit und
Austauschbarkeit des Angestellten kein persönlicher
Angriff helfen. Andererseits stellt eben der gesichtslose
Charakter der Bürokratie die Matrix des Ungeheuers
dar. Aus Angst, als rückständiger 68er gebrandmarkt zu
werden, traut sich heute niemand mehr, von »struktureller Gewalt« zu sprechen. Und doch haben wir es da
mit einem eklatanten Fall von struktureller Gewalt zu
tun.

Demagogische Wahlsprüche werden in Verordnungen
und Richtlinien umgesetzt, welche wiederum als Befehle
nach unten getragen werden – Wie viele sollen heute
gestrichen werden, Herr Direktor? Gewiß ist ein Maus-
klick sauberer als ein Dreikantschaberstoß und eine
Streichung aus der Statistik längst keine Hinrichtung,
sondern bloß institutioneller Tod. Selbst einem Bürokraten bedarf es aber nicht allzuviel Phantasie, um sich die
Folgen vorzustellen. Es muß eindeutig gesagt werden:
Die »Institution Arbeitsamt« und ferner die Verzweif-
lungsfabrik namens Arbeitsmarktpolitik tragen eine
Mitschuld an Klaus Herzbergs Tod.

Womöglich handelt es sich erst um einen Vorboten.
Seit einigen Wochen tobt quer durch die Republik eine
mediale Inszenierung namens »Faulheitsdebatte«. Es
geht ganz prosaisch darum, zumutbare Maßnahmen

gegen Arbeitslose verschärft anzuwenden Wer das erste Jobangebot nicht annimmt, egal was und zu welchem Lohn, der darf keine Unterstützung mehr bekommen. Diese moderne Version der biblischen Verfluchung hat aber einen toten Winkel: Was wird denn mit denen geschehen, die, aus welchem Grund auch immer, mit einer solchen Zumutung nicht klarkommen? Rechnen die Befürworter einer solchen Nulltoleranz-Strategie mit den unvermeidbaren Folgen? Wollen sie die gesellschaftlichen Kosten in Kauf nehmen?

Mit dem Abschied von der sogenannten »sozialen Hängematte« könnten sich soziale Leichentücher vermehren. Schauen wir die USA an, das wirtschaftswunderliche Land, wo die Umbildung von Ausgegrenzten zu rumballernden Amokläufern Normalität ist und dessen Gulag zwei Millionen Insassen zählt. Gewiß tragen solche Zustände zu einem gesunden Arbeitsmarkt bei – einerseits steigt die Nachfrage nach Sicherheitskräften, Wächtern, Polizisten, Alarmtechnikern und sonstigen Nutznießern der Angst, andererseits werden die Lohnkosten durch das breite Knastproletariat gesenkt. Doch ist das wirklich die Welt, in der wir leben wollen? In dieser Hinsicht ist der Fall Braeuner eine ernst zu nehmende Mahnung.

Am 2. August beginnt der Prozeß. Dort wird das Verfahren unter der individualisierenden Sichtweise der Justiz verlaufen, ein beruhigendes Trugbild, in dem der böse Einzelne letztendlich für seine Sünde büßt und alles wieder gut wird. Aus all den oben erwähnten Gründen darf Werner Braeuner nicht im Stich gelassen werden. Wenn der Begriff von mildernden Umständen einen Sinn hat, dann hier. Bei manchen Urvölkern wird im Fall eines Verbrechens nicht nur der Täter sondern die ganze Gemeinschaft bestraft, indem sich alle gegenseitig peitschen. Ein jeder fühlt sich mitschuldig daran, daß ein Bruch der sozialen Regeln überhaupt möglich war. Eine Wiedereinführung dieses Brauches wäre hierzulande kaum vorstellbar. Es sei jedoch denen, die humane Werte nicht aufgegeben haben, ans Herz gelegt, bei dieser Gelegenheit die soziale Logik öffentlich anzuklagen, die solche traurigen Vorfälle gebärt. So lange noch Zeit ist.

Guillaume Paoli
(Flugschrift, Juni 2001,
Nachdruck im *müßiggangster*, Sommer 2001)

Nachwort: Am 13. August 2001 wurde Werner Brauener vom Verdener Gericht zu einer Haftstrafe von zwölf Jahren wegen Totschlags verurteilt. Ein Revisionsantrag wurde im März 2002 abgelehnt.

Helden des Alltags

Foto: Renate Koßmann

Ihr werdet's nicht schaffen!

Der Außerirdische, der hier optisch nicht auffällt, ist vor 34 Jahren auf Terra gestrandet, wurde vergessen bzw. ausgestoßen und kann nicht mehr zurück. Weil er um sich herum nur falsch genutzte Genialität und Technik sieht, kriegt er zuviel, weil die Terraner sich in die völlig falsche Richtung »entwickeln«. Eines Tages hält er es nicht mehr aus und kotzt sich in einem Buch aus. (Ist noch im Begriff, es zu tun, d. Red.)

In den letzten 16 Jahren habe ich den Wert von Zeit schätzen gelernt. Ich war in diesen Jahren nicht untätig, sondern habe mir im Learning-By-Doing-Verfahren Malen und das Komponieren auf Synthies beigebracht. Alles brotlose Kunst. Bisher. Ich war kreativ, auf Parties, aß selten aus der Mikrowelle und habe ein paar Frauen glücklich gemacht, sie mich dafür unglücklich. Würde jemand einmal im Monat zu mir kommen, mir für ein, zwei Bilder und ein neues Musikstück 1500 Mark und vielleicht noch ein bißchen Gras auf den Tisch knallen, hätte ich keinerlei Probleme und wäre wirklich glücklich. Leider gibt es erst seit etwa drei Monaten einen Silberstreif, daß sich dies in irgendeiner nicht näher zu bestimmenden Zukunft tatsächlich ereignen mag. Außerdem brauche ich Zeit, weil ich eine Freundin in Düsseldorf habe und eine in Köln (doch, doch, unter zivilisierten Menschen geht das, die wissen voneinander). Ach ja, erschwerend kommt hinzu, daß ich seit 18 Jahren überzeugter und irreversibler Nachtmensch bin. Ihr kennt das sicher: Erzähl das mal einem Arbeits- oder

138

Sozialamtsangestellten! Da lernt man, wo die letzten Abenteuer der Großstadt lauern!

Ich habe im Juni zweieinhalb Wochen hinter mir, an die man gar nicht genug Griffe löten kann, um sie wegzuschmeißen. Wenn Ihr an unterhaltsamen Briefen und seltenen Blüten in puncto Arbeitskraftbesetzung und behördlicher Chaosforschung interessiert seid, dann lauschet den wahren Ereignissen, die sich seither zugetragen...

Als ich den ersten Brief an Euch in den Kasten warf, war ich ziemlich verzweifelt. Nicht nur, daß dieser Staat mir ankündigte, mich verhungern zu lassen, nein, ich mußte mich auch noch gegen sog. Freunde wehren, die im Prinzip nur ein »Na endlich, wurd aber auch Zeit, daß Du auch mal ans Arbeiten kommst« als tröstende Lebenshilfe zu erwidern wußten. Fünf Tage nach Einwurf des Briefes an meine Sozitante, erhielt ich tatsächlich Post von ihr. Ein Satz: »Bitte sprechen Sie persönlich in Ihrem Sachgebiet bei mir vor.« (Den Satz gibt es da auf 'ner Funktionstaste). (...) Also besorgte ich mir eine Aderlaßkarte der Telekomiker, steckte sie in jene blankpolierten, fast rasiert wirkenden Schlitze ihrer Zapfsäulen, und rief beim Sozi an. Ich erklärte nochmal die Sachlage. (...) »Kommen Sie doch morgen vorbei, Herr G.!« Herr G. (...) saß morgens um acht auf der örtlichen Bettelstelle.

Ich versuchte, ihr verzweifelt zu erklären, daß man mir mit 5-Tage-Jobs, auch noch tagsüber, nicht zu kommen brauche, weil eine Kugel durch beide Hirnlappen schneller, billiger und vor allem humaner wäre. Das war O-Ton, und die zeigt sich doch etwas verunsichert. »Waren Sie damit schon mal beim Arzt?« »Womit bitte?« »Ja, haben Sie sich schon mal schriftlich geben lassen, daß Sie tagsüber nicht leben können?« »Wie, das geht?« »Das weiß ich nicht, aber das woll'n wir mal sehen!« Sprach's, griff zum Hörer, und keine 30 Sekunden später hatte ich einen Termin bei einem Neurologen. Erstellung eines

Elektroenzephalogrammes, also ein simpler Fahrten-schreiber für Synapsen. Natürlich vormittags. Als ob man gegen Wände redet!

»Wenn Sie dem Gericht nachweisen können, daß Sie sich in ärztliche Behandlung begeben haben, dann kann ich hier auf Enter drücken, und Sie erhalten nochmal einen ganzen Monatssatz! Die Leute sind ganz schön scharf geworden in der letzten Zeit!« meinte sie. Dann sollen sie meiner Meinung nach vögeln, bis die Lunte abfackelt, wenn sie scharf sind, aber mich mit ihrem Kinderkram in Ruhe lassen. »Aber ich bin doch nicht krank, nur Ihr!« verschluckte ich wohlweislich. Immer-hin improvisierte die Frau in ihrem Tellerrandgebiet ganz schön crazy rum, und meinte es gut mit mir.

Zwei Tage und noch eine durchgemachte Nacht später (langsam könnte ich allein von Nachtzulagen wegen Gesundheitsschädigung überleben, würde mir das alles bezahlt, entlohnt) steh' ich morgens um zehn beim Neu-rologen. »Das ist es also«, dachte ich, »jetzt mußt Du beim Irrenarzt nachweisen, daß Du nicht von hier bist! Schlimmer kann's ja wohl nicht mehr kommen.« Haha! Da die technologisch erschlossenen Terraner Sklaven ihrer einstigen Diener geworden sind, ist die erste Frage beim Arzt nicht mehr: »Was fehlt Ihnen denn?«, sondern die Aufforderung: »Ihren Krankenschein bitte!« – »Ja – äh, ich bin nicht krankenversichert!«

Habt Ihr schon mal Mitmenschen bei einer Ufo-Lan-dung beobachtet? Ich meine, falls Ihr genügend Zeit hattet, mal ein paar Sekunden Eure eigenen Augen vom Ufo loszureißen? Kennt Ihr diese Unterkiefer, die hörbar auf dem Erdboden aufschlagen? Eine ähnliche Reaktion rufen übrigens auch Sätze wie: »Ich habe keinen Führer-schein!« oder »Ich habe kein Telefon!« oder »Ich bin mit zwei Frauen zusammen« hervor. Terraner sind manch-mal mit ganz banalen Sätzen aus der Fassung zu brin-gen, wirklich putzig. »Wie, Sie sind nicht krankenver-sichert?« »Ja, ich bin über das Sozialamt...« Ein Schim-

140

mer der Erleichterung huscht über drei eigentlich hübschen Gesichter junger Frauen, die in meiner Welt zu dieser Stunde maximal wach werden, um das erste Vögeln des neuen Tages zu genießen, statt hier ihre Lebenszeit mit Arzthelferin zu vergeuden. Die Phänomene konnten gerade noch mal gerettet werden. Keine Dateileiche, sondern über's Sozi isser versichert.

»Ich hab' aber nur 'nen Schein vom November, die schicken mir keinen mehr zu, ich hoffe, das macht nix«, warf ich ahnungslos ein. »Nein, das geht nicht, wir brauchen einen gültigen, vorher können wir keine einzige Zeile tippen und Sie in die Kartei aufnehmen!« »Dann schalt doch diese Windows-Nutte aus und schreib's mit Kuli, blöde Sau!« verkniff ich mir vorbildlich und sagte statt dessen, in der irrigen Ansicht, man käme auf Terra mit Vernunft weiter: »Rufen Sie doch beim Sozi an! Es ist dieselbe Datei- und Sozialversicherungsnummer und wasweißich!« – »Nein, wo kommen wir denn da hin, morgen ist Quartalsende, ab morgen ist es kein Problem, da können Sie auch mit 'nem abgelaufenen hier auftauchen. Fahren Sie doch zum Sozialamt, holen Sie den Schein, wir haben noch bis 12 Uhr auf!« »Hömma, ich habe keine sechs Mark für Bus hin und zurück. Was ich habe, ist Kohldampf. Ich brauch eine Bestätigung, daß ich gaga bin, und zwar amtlich, vorher gibt's kein Geld!« Die Dämlichkeitsgrenze in Primatengesichtern wurde erneut weiter hinausgeschoben. »Wie, sonst gibt's kein Geld?« Bei Geld wird immerhin sofort Interesse gezeigt. »Warum sind Sie denn eigentlich hier?« Ahaaa, diese Frage wird tatsächlich noch gestellt. Das gibt Hoffnung. Ich versuchte, den Fall in zwei Sätzen zu beschreiben und merkte selber, daß das unmöglich war. Erst recht fünf Stunden nach meinem normalen Zubettgehen, mitten in der erste Rem-Phase, »Hömma, ich bin hundemüde. Ich muß da zu Fuß hingehen. Das dauert 'ne Stunde. Wenn ich dann tatsächlich zurückkomme, habt Ihr hier für Eure Kiste nix mehr zum Messen, versteht

Ihr mich!« – »Ja, tut uns waaaaahnsinnig leid, aber wir können auch nicht so ohne weiteres...« – »Hömma, was glaubt Ihr, wozu Euer Herrgott das Faxgerät erschaffen hat?« fahre ich die im Prinzip unschuldigen Computeranhängsel frustriert an. »Ihr seid doch so vernetzt, daß sich jeder Blöde mit Internetanschluß minderjährige asiatische Muschis in hoher Auflösung aus einem Rechner gottweißwo (runter)holen kann, da könnt Ihr doch 'nen simplen Zettel...« »Das ist kein Zettel, Herr G., das ist ein Dokument!« Daß das »Dokument« auf'm Sozi perforiert aus einem miesen 9-Nadeldrucker rattert, interessiert offenbar keine Sau. Aber was will man von einem System erwarten, daß einen Sozialhilfeempfänger alle drei Monate zur frühen Morgenstunde zum Arbeitsamt zwingt, nur um dort ein ebenfalls miesen 9-Nadlerausdruck bzw. eine Schwarzweißkopie zu besorgen, auf der steht, daß man da war, keine Knete bezieht und tatsächlich noch im Rechner ist? Nur, um den in einem Büro am anderen Ende der Stadt abzugeben, wo ein weiterer Rechner steht? Von dem behauptet wird, daß er aus Gründen des Datenschutzes nicht mit dem Rechner des Arbeitsamtes in Verbindung steht. Da lacht der Rasterfahnder lang und schmutzig! Mit dem Kernsatz meines Buches: »Ihr werdet's nicht schaffen!« auf den Lippen verabschiede ich mich, um kopfschüttelnd den Heimweg anzutreten.

Nach 28 Stunden Aufsein (...) stand ich vor dem selben Damentrio wie am Vortag. »Ahhh, Herr G.!« Stempel, Unterschrift, bitte Platz zu nehmen. Eine mit den Jahren dort angegilbte 23jährige verstöpselt mich mit einer Maschine, die eine gelungene Mischung aus Lügendetektor und elektrischem Stuhl darstellt. So fühlt man sich dann auch. Aus beiden Ähnlichkeiten heraus. Ich erkläre der angegilbten Schönheit, warum ich hier bin, und kann ihr somit wenigstens diesen Arbeitstag etwas erhellen.

142

Nach nur vier Stunden Kampf gegen den Schlaf im Wartezimmer endlich beim Arzt. »Ja, was soll denn das alles?« – Geduldig erkläre ich es ihm. »Ja aber, was soll denn hier gemessen werden?« – »Daß ich genau jetzt im Bett zu liegen habe, statt zu arbeiten oder hier zu delirieren!« – »Ja aber, was soll ich denn in die Akte schreiben?« Wozu hat der Kerl eigentlich studiert? Muß der Patient jetzt dem Arzt sagen, was er in seine Akte zu schreiben hat? »Schreiben Sie um Gottes Willen, daß in der Alpha-Kurve halbmondförmige Strukturen zu sehen sind, die eindeutig auf einen typischen Nachtmenschen hinweisen!« schütte ich dem verwirrten Neurosenklempner entgegen. Kein Witz, Leute, das ist alles O-Ton hier! – »Ja, ah, wann gehen Sie denn normal so schlafen? Wie lange leiden Sie denn schon darunter?« Leiden? Hilfe, beamt mich hoch, die spinnen doch! Leiden! Ich leide unter meinem Nachtleben etwa so stark, wie unter meiner Libido. – »Seit etwa 18 Jahren.« – »Ja, äh, sagen Sie doch mal Ihrer Sozialbearbeiterin, sie möge sich bei mir melden!« – »Gerne, Chef, alles, aber geben Sie mir jetzt bitte eine Bestätigung, daß ich hier war!« »Wieso?« »Weil-mein-Geld-erst-überwiesen-wird-wenn-ich-diesen-Beleg-abgebe-Gump!« wollte ich ihn anschreien, und jede Silbe mit einer Kollision seines Hinterkopfes an der Wand würzen. Ich entschied mich dagegen. »Den kann Ihnen die Sprechstundenhilfe geben!« meinte ein zutiefst verwirrter und vergeblich grinsender Arzt.

Eines der drei hübschen Gesichter füllt einen kleinen Din-A-6-Zettel aus, der im 50iger-Block an der Rezeption lag. »Na, den hätten Sie mir auch gleich ausstellen können!« meine ich zu ihr. Sie lacht, weil sie offenbar glaubt, ich wollte sie mit einem Scherz erheitern. Ich tapse nach Hause, lege den Zettel in einen Umschlag ans Sozi, werfe ihn ein und mich in die Falle.

Herr G. aus Aachen

Adieu, Herr Bartoschewski

Als ich ein Kind war, stellte ich mir unter einem Arbeitslosen einen Menschen auf einem Sofa vor. Vor dem Sofa standen Pantoffeln. Der Mensch war in meiner Vorstellung männlich, mittleren Alters, mit Bartstoppeln. Ein sehr ruhiges Bild. Es beschrieb weniger einen Status als einen Zustand, in dem meiner Beobachtung und ergänzenden Vorstellung nach bestimmte Menschen lebten: zum Beispiel ein Mann, der in unserer Nachbarschaft wohnte: Herr Bartoschewski. Mit der Frage einer fehlenden Anstellung hatte das Bild des Arbeitslosen aus meiner Sicht nicht viel zu tun. Ich glaube, ich zog diese Möglichkeit für Herrn Bartoschewski überhaupt nicht in Erwägung. In meinen Augen gehörte es nicht zu den Attributen seiner Erscheinung, morgens in die Porzellanfabrik zu gehen, neben deren Fabriktor unsere Wohnung lag, wie es fast alle anderen unserer nächsten Nachbarn taten. Zu seinen Aufgaben gehörte eher das gemächliche Latschen über den Hof mit einem Nylonbeutel in der Hand, der Flaschen enthielt. Oder die mythische Handlung des Stempelngehens – obwohl ich Herrn Bartoschewski nie habe Stempelngehen sehen. Weder wußte ich, wo er das tat, noch welchem Zweck es diente.

Wir lebten mitten in den siebziger Jahren; wir Kinder trugen Schlaghosen, und der Mann, der die Nachrichten vorlas, war unsterblich, ohne Alter, und trug einen Seitenscheitel. Neben anderen mysteriösen Begriffen plazierte er in meinem Kinderhirn den Begriff: Arbeitslosenzahl. Auch die Erwachsenen redeten dann und wann über die Arbeitslosenzahl. Sie sagten, daß sie ständig weiter anstiege, mit dem gleichen wohlig angeregten Entsetzen im Gesicht, wie wenn es um die Bevölkerungsexplosion ging oder um Teufelskreise der Mißwirtschaft in Entwicklungsländern.

Dennoch hatte die Kaste der Arbeitslosen ihren gesellschaftlichen Platz auf ihrem Arbeitslosensofa und konnte doch – bemitleidet oder beargwohnt zwar – im großen und ganzen recht unbehelligt das Erscheinungsbild des Arbeitslosen zur Geltung bringen. Heute ist alles ganz anders geworden. Der Ausdruck »Entwicklungsländer« wurde durch irgendeinen anderen ersetzt, der Nachrichtenmann hat seinen Seitenscheitel für immer verloren, und die Arbeitslosen sind dabei, ihre traditionelle gesellschaftliche Stellung in der Arbeitslosenkaste zu verlieren.

Die Arbeitslosenzahl hat offensichtlich eine heikle Grenze überschritten. Hatte man bis dahin das Erscheinungsbild des Arbeitslosen noch als abschreckendes Beispiel und damit zur sittlichen Erbauung gebrauchen können, scheint es inzwischen durch seine Allgegenwart der geforderten sittlichen Haltung dermaßen Hohn zu lachen, daß man es sich nicht mehr weiter leisten mag. Unsere jetzige Regierung hat es zu ihrem ehrgeizigsten Ziel erklärt, diesen ungezügelt wuchernden Schandfleck zu beseitigen, bevor man sich völlig zum Gespött der Leute macht.

Das soziale Netz, auf dem der Arbeitslose ruhte, soll zu einem sozialen Trampolin umgebaut werden, das den Arbeitslosen, kaum daß er als solcher sichtbar wird, wieder von sich federt, ganz gleich wohin. Da der Ort, der den weggefederten Arbeitslosen aufnehmen soll, noch nicht gefunden wurde, das soziale Trampolin aber bereits gespannt und mit Sprungfedern versehen wird, ergibt sich eine absurde Situation. Es entwickeln sich eine Vielzahl von Verwahrungsprovisorien, deren Eigenleben die bizarrsten Blüten treibt.

Das nächste Mal in meinem Leben kam ich mit Arbeitslosigkeit in Berührung, als ich mich aus dem Puppenkokon des Ewigstudenten befreit hatte und nun als volleinsatzfähige Erwerbsperson den Weg zum Arbeitsamt und anschließend zum Sozialamt unternahm. Ich wurde als »sonstige Arbeitskraft« registriert (Dekorationsdiplom wird nachgereicht) und ohne Arbeit wieder nach Hause geschickt. Mein erster eigener Beitrag zur Arbeitslosenzahl. Ein schwindelerregendes Gefühl! Bisher hatte ich mich als irgendein Hans-guck-in-die-Luft empfunden. Nun war ich ein richtiger Arbeitsloser, so wie früher Herr Bartoschewski. Beim Sozialamt hatte man mir etwas Geld gegeben und einen Zettel, auf dem ich meine Bemühungen um Arbeit dokumentieren sollte.

Ich war und bin alles andere als die Arbeitskraft, auf die die Welt gewartet hat. Meine Weggefährten und ich hatten jahrelang in Universitäten ausgeharrt, um in völlig berufsuntauglichen Kopfdisziplinen ausgebildet zu werden. Dieser widersinnig anmutende Weg wurde nicht ganz umsonst gewählt, mochte man doch denen, die sich mit wirklichem Ehrgeiz um die richtigen Berufe schlagen, nicht überflüssigerweise im Wege stehen. Wir nutzten inzwischen die Zeit, um Ansprüche und Fähigkeiten auszubilden, die mit der Berufswelt gänzlich inkompatibel sind.

Auf dem mir anvertrauten Vordruck listete ich in sinnloser Quantität das Ergebnis dieses Werdegangs auf. Außerdem bekam ich meine ersten eigenen Arbeitslosenstempel, die ich nicht ohne Stolz bei meiner Sachbearbeiterin vorwies. Noch wußte ich nicht, daß der Sozialamtscomputer meine Daten bereits abgetastet und mich aufgrund von Alter und Status zur sofortigen Absorbierung aus dem Arbeitslosenstatus freigegeben hatte. Es sollte keine drei Monate dauern. Als ich zum dritten Mal zum Abfertigen kam, wurde mir beiläufig ein Papier in die Hand gedrückt, mit der Anweisung, bis zum nächsten Mal bei »StellWerk« vorzusprechen: Regionale Beschäftigungsagentur Kreuzberg. Wenn ich

146

den Termin nicht einhielte, sollte mir sofort jegliches Geld gestrichen werden.

»Warum holen sie sich nicht vom Arbeitsamt eine Arbeitbeschaffungsmaßnahme?« Die erste aufmunternde Frage einer mütterlichen Dame, der ich zwei Wochen später bei »StellWerk« gegenübersitze. Sie hat sich die Schilderung meiner Lage angehört und blickt jetzt ratsuchend ihren Computer an. »Wissen Sie, das habe ich selbst auch so gemacht. Und ich weiß auch nicht, was man mit Ihnen sonst anfangen könnte. Ach so, ABM – da sind sie nicht berechtigt. Aber Sie könnten ins IdA-Programm. Das sind so ähnliche Stellen für Sozialhilfeempfänger. ›Integration durch Arbeit‹ ist das. Da hätten Sie den Vorteil, daß Sie anschließend beim Arbeitsamt sind und nicht mehr beim Sozialamt.« Während sie mir das erklärt, versuche ich, ein anderes Gespräch mitzuverfolgen, das die Beratungsdame am Nebentisch mit einem Mann in Lederjacke führt. Sie scheint Schwierigkeiten zu haben, seine Berufswünsche und Fähigkeiten in ihrer Kartei unterzubringen. Eben ist er dabei, ihr zu erzählen, daß er ein ziemlich guter Taucher sei und sich auch vorstellen könne, in diese Richtung zu gehen… »Oder vielleicht eine Weiterbildung«, sagt die für mich zuständige Beraterin und fügt hinzu: »Wir kriegen Sie da schon irgendwo unter.« Der Lederbejackte erklärt inzwischen recht aufgeräumt, daß er schon so viel erlebt habe in seinem Leben und vorhabe, auch weiterhin noch recht viel zu erleben. Seine Beraterin versucht, in ihrem Gesicht einen konsternierten Blick mit einem Lächeln zu vereinigen, und scheitert. Ich bekomme noch mit, daß sie auch ihm verspricht, ihn »schon irgendwo unterzubekommen«.

Beim Hinausgehen entdecke ich auf dem Flur eine Tafel mit angepinnten Presseartikeln und erfahre, daß »StellWerk« selbst eine Arbeitsbeschaffungsmaßnahme mit 18 Stellen ist, die sich das Sozialamt und das Arbeitsamt gemeinsam leisten. Sie hat die Aufgabe, in

147

einem Jahr mindestens 1000 arbeitslose Sozialhilfeempfänger in irgendwelche Stellen zu vermitteln. Bei Erfolg bekommt sie noch weitere Fördermittel aus dem Sonderfonds »Neue Wege der Arbeitsbeschaffung«.

Als ich reichlich benommen zurück auf die Straße stolpere, habe ich den nächsten Termin für »StellWerk« bereits in der Tasche. Langsam wieder zu mir kommend, wächst in meinem Kopf die Erkenntnis: Ich muß mir dringend selbst eine IdA-Stelle suchen. Andernfalls werde ich Termin um Termin bei »StellWerk« sitzen müssen, und zuguterletzt finden die »irgendetwas Passendes« für mich. Es gibt da eine breite Palette von Einsatzmöglichkeiten. Das fängt an beim Graffitimalen an öffentlichen Wänden, damit die echten Graffitimaler sich nicht mehr betätigen können, und es endet bei der Stellenaquise für »StellWerk« – also der ehrenvollen Aufgabe, anderen Arbeitslosen ABM-Stellen zuzuweisen. Ich kneife mich in den Arm. Zweifelsohne bin ich wach, und das alles ist wahr. »StellWerk« – oh, ahnungsvoller Name: ein Rangierbahnhof, auf dem die Wägelchen mit der Aufschrift »Arbeitslose« auf abseitige Geleise jenseits der öffentlichen Kenntnisnahme dirigiert werden. Grasbewachsene Geleise, die irgendwo auf einer grünen Wiese enden. Dort werden die Wägelchen geleert und deren Insassen gezwungen, solange mit der Kinderpost zu spielen, bis sie wieder zurück aufs Wartegleis rangiert werden. Wer sich gut genug beträgt, darf der Rangierwärter sein.

Es bleibt noch zu sagen, daß ich inzwischen mit einer IdA-Stelle versehen werden konnte. Aus dem Arbeitslosenregister rausgeschmissen, wurde mir eine Videokamera um den Hals gehängt, mit der ich auf Kosten des Sozialamtes, des Senats und nicht zuletzt der EU ein Jahr lang unsere Stadt filmen darf.

Vielleicht ist es ja, je sinnloser die Lage wird, umso wichtiger, die Sache in Bewegung zu halten. Adieu, Herr Bartoschewski! Bald wird keiner deiner Art mehr würdig mit seinem Beutel und seinen Flaschen über den Hof latschen. Nur noch in Verkleidung darfst du dich künftig in der Öffentlichkeit zeigen, mit einem Pinsel in der Hand vielleicht oder mit einer Kamera um den Hals. Horden verkleideter Bartoschewskis werden ausgesandt, um die Ruhe aus verschlafenen Berliner Hinterhöfen zu vertreiben und an ihrer Statt die Atmosphäre eines geschäftigen und arbeitsamen Treibens vorzutäuschen.

Anita Verneck
Berlin

In Abeitamp

Dieter muß im Amp. Er hat die Kummermütze aus
graue Haare auf. Er hat kein Geld mehr und geht los
Geld holen. Es ist ein Weg voller Gefahren, weil überall
liegen herumlungernde und majestätisch lachende
Abeitlose. Manchmal stolpert Dieter über einen, aber die
sagen ja nichts. Sie sind schwach und willenlos. Einfach
ihre Lüste ausgeliefert. Wer kein Willen hat kriegt
nichts zu abeiten. Alle sind Gefangener ihrer Lüste und
Sorgen. Erst eine Stunde vom Losgehen später ist Dieter
am Amp, er trödelt. Vor der Eingangstüre herrscht eine
Diskussionsrunde mit Revolution von wegen Abbau
Sozialleistungen. Dieter macht mit. Die großgebauten
Altzeit-Abeitlosen machen einen majestätischen Eindruck. »Allzeit unbereit, kein Bock auf Opferstock!«
rufen sie aus. Junge, noch unerfahrene Abeitlose über
sich in Kardinalfehlerausmerzen oder Flugzettelhinhal-
ten. Viele aber werden vom ewigen »Issnich« eingeholt
und in brutale AB-Maßnahmen deportiert. Bei die übrig-
gebliebenen Rest geht die kleine Revolution weiter:
»Weg mit der Arbeit, wenn es keine gibt. Weg mitte
Sozialleistung. Mehr Abeitlose. Wovon sollen wir denn
leben wie von Amp. Immer mit der Kohle raus sonst
wählen wir Franz Josef Strauß. Günstigere Abeitlose,
mit höhere Gewinnchangse. Wir verlangen längere Öffnungszeiten von Abeitamp. Grabbeltische von Sonder-
angebote für Abeitlose«, das ist der allgemeine Tenor,
das ist Standart, immer neu zusteigen, immer neue
Fahrchips lösen.

Dann ist der Eintritt von Dieter durch die Tür, aber
das Amp hat zu. Die Tür bleibt dicht. »Bei Revolution da

150

unten machen wir immer auf blöd. Die sind ja von der Berechnung her nicht zu unterschätzen als Gefahr. Da wird Büroarbeit gemacht, dann kommt der Papierkram mal auf einen anderen Stapel! Irgendwo muß der Scheiß ja hin. Ich weiß auch nicht«, sagt der Vereinsvorsitzende. Lange Gesichter. Die Kette bleibt dran.

Dann ist jetzt wieder morgen und Dieter geht nochmal hin. Dieter geht in die große Vorhalle und sagt das er Geld will. Überall Tüken und Persen. Ein Babylonisches Sprachegeschirr klappert mit den Zähnen der Angst. Gräßlich Plakatfratzen schüchtern die unschuldigen Hilfesuchenden ein. Auffangbecken Verwirrter, Schulungszenter mit dem Leergang: Wir saugen Jehovas, bereiten Ängstliche vor auf bessere Zeiten und machen richtig Dampf unter dem inneren Hoffnungskessel. An den Zapfsäulen stehen junge Mädchen und kassieren erstmal den Betrag ab. Die jungen Mädchen singen die Persen und Tüken immer ein Lied: »Bleib hier nicht zu lange steh'n kannst auch bald nach Hause gehn.« Dann wird der Preis ausgehandelt und es beginnt ein Kesseltreiben der Lust in den unteren Bereichen. Die lange Warterei ist hoch und aus aller Sippenländer kommen die Herren. Der Köftegrill ist schon aufgebaut und das Pommesfett schon mal vorgebraten. Der Hausmeister kommt mit den Stehtische für vor die Rezepone, damit die Auskunft rauskommt. Schaschlikspieß dauert noch was, aber Pilsken geht schon. Dieter muß in den ersten Stock. Am Eingang zum Fahrstuhl gibt es coole Brillen. Niemand soll ein' erkennen wenn die Nachbarschaft kommt.

Dann ist er auch schon da. Der Wartebereich ist aufgetürmt. Dieter zieht jetzt eine Wartemarke und erkennt, das sie schon wieder eine neue Wartemarkenuhr haben. Er hat die Nummer: 967.567, das heißt so zirka 12 Monate Wartebereich.

Aus alle Zimmern kommt fröhliches Lachen. Die Fahrradboten bringen Obst und Präsentkörbe, die mit bunten Bändern geschmückt sind und manchmal wird die Musik leiser gedreht, damit die Ruhe draußen in die Gängen nicht gestört wird. Viele sitzen rum, Dieter auch. Einer läßt seine Gebetskette aus Partywürstchen durch die Hände gleiten, ein anderer liest Kafka. Jetzt halb 10 kommt der Knoppersmann und singt Lieder für die Arbeitslosen. Den Lieben Gott mal'n dicken Furz abseilen lassen. Die ganze Sache mal aus der eigenen Kacke betrachten.

Er packt seine tragbare Stromgitarre aus und fängt an. Er hat lange filzige Haare und ist ebenfalls AB-Maßnahme zur Zerstreuung, da kommt dann schon die eine oder andere Feindschaft zusammen. Heute kriegt er sogar 2 Lieder über Probleme fertig ohne das ihm die Gitarre zerkratzt wird.

Immer sind aber wieder jetzt die Bohrarbeiten noch zu hören. Es ist eine Renovierung im Amp am Gange, aber Dieter beantragt erstmal seine Mitgliedernadel für am Revers dran am stecken drin. Das ganze Amp ist dabei renoviert am werden. Die Wände sind neu mit Leberwurst gestrichen und auch Belag der Käse anstelle von Raufaser. Jetzt geht gerade wieder einer rein. Zimmer 166. Die Partywürstchen sind auf dem Platz liegen geblieben. Durch die dünnen Türen kann man hören was man will.

»Isch such Abeit ey!«

»Da sind sie hier richtig, haben sie Unterlagen?«

»Brauch isch nisch, kann isch mogen anfangn?«

»So, na, da wollen wir mal sehen, was wollen sie denn machen?«

»Isch bin Ninja Turtel ey!«

»Ninja Türke?« fragt der Berater entsetzt.

»Ninja Turtel isch gesagt hab!«

»Das können wir hier aber nicht vermitteln«, der Arbeitsberater nestelt an seinem verschwitzen Handtuch.

»Isch hab drei Jahre Ausbildung an die Glotze gehabt, dann habn die die Serie eingestellt ey! Isch hau dir inne

152

Fress ey, wenn isch kein Job krieg ey, schlag dir den Kopf ab!«

Sorgfälltig baut der Turtel sich auf und nimmt eine Kampfstellung ein, was man durch die Tür leider nicht sieht. Die anderen Partygäste aus Nr. 166 verlassen fluchtartig den Raum, wobei sich die weiblichen Angestellten Handtücher über ihren Oberkörper legen. Alle sind schnell in anderen Zimmern verschwunden, wo man sie leicht integriert und die Party weitergeht.

»Na gut, dann vielleicht doch erst mal die Formulare«, der Wärter schiebt einen Satz Papiere über den Tisch. Sehr langsam verläßt der Ninja das Zimmer.

Der Fahrstuhl hält im Stockwerk, ein Container wird herausgeschoben und der Abdecker schiebt ihn auf Zimmer 134 zu. Vier Minuten später ist er wieder draußen und im Fahrstuhl. Der Ninja sitzt über den Formularen und malt mit Buntstifften die Zeichen aus. Dieter empfindet ein hartes Staunen über die Unbekümmertheit der Ausländer.

»Der nächste bitte. Beachten sie ihre Nummer.«

Dieter geht dann in ein Zimmer und dann sieht er den Abeitmann. Er hat eine Brille auf und sieht sehr schlau aus. Sein Gesicht setzt sich neben der Brille fort.

»Raus du Sau. Gib den Mittgliedausweis wieder her und setzt dicht, sonst hau ich dir die Fresse blau!«

»Ja'p«, sagt Dieter, er kennt den Prozeß.

»Ich bin hier um Geld zu verdienen, nicht weil Bürozeiten sind. Halt's Maul!«

»Jap!« sagt Dieter, er kennt den Prozeß und setzt höflich hinzu: »Ich hab nicht's gesagt!«

»Ich hab keine Lust am diskutieren, du arbeitscheue Lichtgestallt. Euch werd ich zeigen, was ich jetzt mache du Lump! Sind sie Sternzeichen?«

»Ja! Qualle!«

»Chinesisches. Hab ich kein Bock zu, sie kriegen kein' Job!«

»Das ist ja …«, sagt Dieter nun doch etwas bewegt.

»Renitente Sau! ... Was kannst du denn besonders gut?« Entgegnet sein Gegenüber.

»Ich kann Peter Kraus simulieren.«

»Das hört hier nicht hin... mach mal, interessiert mich jetzt rein persönlich.«

Dieter simuliert eine schöne Peter Kraus Reprise und setzt sich wieder.

»Dafür bist du nicht gut genug, jetzt kommt Job! Also, da gehste hin, da is Abeit für dich und mach keine Fisematenten, wir beobachten dich.« Sein dicker Finger fährt über ein Blatt Papier, auf dem ein fotokopierter Stadtplan mehr oder weniger sichtbar ist. Die Anschrift kann er von der Stelle wo er sich befindet nicht lesen.

Er steht auf um sich ein Bild zu machen, da reißt der Angestellte den Zettel weg: »Das muß reichen!« Aber Dieter hat's.

»Das is ja ein Puff!« ruft er aus.

»Ah, kennste deine neue Abeitstelle schon, um so besser, von Abeitamp direkt in Puff. Also, hau ab du stinkst.«

Dieter geht raus, aber plötzlich beginnt das Gebäude zu schwanken und fällt mit einem Plumps auf die Seite. Unter dem umgekippten Arbeitsamt krabbeln auf einmal noch sehr viele kleinere Arbeitslose herunter vor. Sie wieseln flink umher und suchen den Eingang. Ganz gewiefte sausen zur nächsten Pommesbude und verbraten erstmal ihre Verzehrbons. Dieter schüttelt den Kopf und geht los in Richtung soziale Isolation. Dann is Dieter in Puff.

»Der Mann im Abeitamp hat gesagt ich soll hier was machen, was gibts denn?«

»Ja, hier kommt keiner mehr in Puff am ficken, weil uns ein Jäger ausgefallen ist. Wir haben hier nur noch die Verzehrbons von den Abeitlose in der Kasse, das bringt doch kein Umsatz. Hier ist dein Gewehr. Jeder Schuß ein Treffer, sonst biste wieder arbeitslos. Wir beobachten.«

154

»Was schieß'n ich denn?«

»Störche mein lieber, Störche. Seit dem die über unser Haus fliegen kommt kein Kunde mehr. Das bringt Unglück mitte Störche meinen die Freier und bleiben weg. Die Luden sind schon ganz unruhig.«

»Die Störche stehen doch unter Naturschutz, das mach ich nicht!«

Da lacht der Puffhausmeister: »Du hast Sachzwang Dieter, ich würd mir das überlegen. Kein Schuß kein Geld. Und du weißt ja, nur ein toter Storch ist ein guter Storch!«

Ulrich Bogislav
Köln

Rede zur Gründung der Glücklichen Arbeitslosen
(Sektion Weimar)

Weimar, den 15. September 1999, nach 20 Uhr, Carl-von-Ossietzky-Straße, Hinterhof, neben dem Bratwurst-grill. Anwesend fünfzehn ambitionierte Leistungsempfänger, es spricht der anonyme Bundesvorsitzende der Weimarer Sektion, Sektion Weimar.
(Es gilt das gebrochene Wort)

»Meine sehr verehrten Damen und Herren, liebe nichts-nützige Mitglieder der Gesellschaft, liebe Tagediebe, Nachtschwärmer und Bagaluten! Sehr geehrter Herr Bundespräsident!
Wir haben uns hier und heute, spontan und bestens vorbereitet, im Kreise der engsten Ungehörigen versam-melt, um gemeinsam und in tiefer Demut vor der Ein-sicht in die Notwendigkeit der Dinge dem Schicksal mit ungewaschenen Fingern ins Auge zu fassen. Wir, die wir hier so zahlreich eingesammelt sind, waren bisher verblendet, verblödet und voll beschäftigt. (Ein VW-Bus startet, die Abgase blasen direkt auf den Bratwurst-grill.)
Nun aber, überzeugt von der Alternativlosigkeit der Arbeits- und Sozialpolitik des Kleiderständers von Doris Köpf sind wir abgekommen vom Irrweg der Arbeitsbe-schaffungsmaßnahmen und schreiten freudig voran in die goldene Zukunft der Geldbeschaffungsmaßnahmen: Wir wollen arbeitslos und glücklich sein! (Verhaltener Applaus) Wir sind hier zusammen, noch nicht gekom-

156

men, aber doch getreten, zur Gründung der Glücklichen Arbeitslosen/Weimarer Sektion, Sektion Weimar! (Fragende Blicke) Unser Los soll fürderhin ein Arbeits-Los sein, ja, für die Guten unter uns sogar ein Dauer-Arbeitslos. Mit dem Bier in der rechten und der Bratwurst in der linken Hand erklären wir die Gültigkeit des Manifests zur Befreiung der Assoziation – zumindest in den Teilen, die uns vorliegen. (Die Teile des Manifests die vorliegen, liegen leider doch nicht vor.)

Die Mitgliedschaft bei den Glücklichen Arbeitslosen ist ehrenvoll, aber nicht amtlich, berechtigt zur kostenlosen Teilnahme an Gerichtsvollzügen, Hungermärschen und Sozialneid, und endet nur mit dem Tode, Ausschluß oder einer erfolgreichen Umschulung.

(Vereinzelte Buh-Rufe) Ihren Mitgliedsausweis erhalten Sie im Warteraum des Weimarer Arbeitsamtes, bitte ziehen Sie Ihre Nummer am Automaten für die Leistungsabteilung. (...) (Es folgen weitere, langweilige Formalien.) Soviel zur Vorrede, liebe Freundinnen und Freundinnen, liebe Gäste, liebe Bratwürste, sehr geehrter Herr Bundespräsident. Ich möchte jetzt in üble Nachrede treten.

(Leichtes Lallen beim Gründungsredner, die Stimmlage wird pathetisch.)

Es gibt Menschen, die sagen, wir sind faul. Nein – rufen wir ihnen zu. Nein!

Verantwortungsbewußt sind wir und wir schleudern der thüringischen Arbeitsmoral ohne Umschweife ins Gesicht: Ihr seid es, die in 40 Jahren Vollbeschäftigung durch brutalen DDR-Beschäftigungsterror die Umwelt belastet habt mit dem Abrieb Eurer Schuhsohlen, die in permanenter Umtriebigkeit und Fleiß die blühenden Landschaften in diese Trümmerwüste verabnutzt habt und nun schon seit zehn Jahren den verarmten Herrschenden mit Eurem Gejammer und Geklage über fehlende Arbeitsplätze den letzten Nerv und das letzte Brioni-Hemd raubt. Ihr seid es, die einem morgens um

14 Uhr mit Euren Schlangen vor den Fabriktoren die Aussicht auf die Parkbank verstellt.

Ihr seid es, die Büros und Baustellen mit Hektik und Schweiß verpestet.

IHR SEID ES, die nach einem achtstündigen Arbeitstag mit Staubsaugern, Waschmaschinen und Heimwerkerzubehör herumrandaliert, so daß man nach 18 Uhr kaum noch ein Auge zukriegt.

(Aufmerksamkeitserregende Zäsur des Vortragenden) Hat nicht schon Caesar seinen Sohn Brutus gewarnt: Auch Du, mein Sohn, wirst arbeitslos? Hat nicht schon Franz von Assisi, der heilige und nicht der eilige, vor vielen Jahren gesagt: »Sehet, die Vögelein. Sie säen nicht, sie ernten nicht – und sie vögeln trotzdem?« »Es waren die Lilien und nicht die Vögelein« (berichtigt der nicht anwesende Gen. Kempe, Wolfram)

»Ist nicht auch Schatten zum Schlafen, wo Licht zum Arbeiten ist? Sind nicht auch Füße, wo Schuhe sind? Sind nicht auch Messer, wo Gabeln sind?

(Neuerliche bedeutende Sinnpause, leise:) Wir rufen euch noch einmal zu: (Laut:) Haltet ein, Freunde! Hätte nicht ein jeder von euch kostenlosen Strom, würden die Arbeiter in den Fernwärmekraftwerken einfach die Kolleginnen und Kollegen aus der Buchhaltung und dem Rechnungswesen in den Öfen verheizen? (Die ersten Mitglieder beginnen mit der Ausgabe von Waffen, um vor die Kraftwerke zu ziehen.)

Nein. Wir kommen nicht, um zu bitten. Wir bleiben, wo wir sind und fordern!« (Zurufe:) »Ja! Fordern!«

»Wir fordern nicht das Recht auf Arbeit, sondern das Recht auf demokratische Arbeitsunlust. (Applaus. Das einzige anwesende Mitglied der PDS verläßt leise in sich hinein protestierend die Gründungsversammlung.) Wir fordern die vierteljährliche Abmeldepflicht aller Arbeitsämter bei den Arbeitslosen! Und spätere Öffnungszeiten!

(Starker Applaus)

Wir fordern: Krieg den Hütten, wir wollen Frieden in unseren Palästen, Paläste für alle, wir alle sind Palästinenser! Ohne Staat.

(Ziemlich starker Applaus) Wir fordern viel mehr von allem und damit niemals genug – und sind stolz auf unsere Bescheidenheit.

(Jubel, Ruhestörung, der Hausmeister erscheint und wird neben die Bratwürste auf den Grill gebettet.) Wir fordern ein alternativloses Konzept zur Finanzierung unserer bedeutenden Leistungen: Die Abschaffung der sinnfreien und geheimen Wahlen zugunsten einer direkten Kür der Kanzlergattin durch die Vertreter der Großkonzerne. Konsequenterweise erfolgt die Finanzierung der Regierungshampelmänner und der Regierungs-Arbeit – (Vereinzelte Buh-Rufe, ein Glücklicher Arbeitsloser übergibt sich auf das Hausmeister-Auto.) – direkt aus der Bestechungskasse von Siemens, VIAG, BMW und Daimler-Chrysler.

Des weiteren fordern wir die Befreiung der Groß- und Kleinschreibung von Entfremdung und Seriendruck. Liebe Freundinnen und Freundinnen, sehr versehrte Gäste ohne Innen, mein guter Herr Bundespräsident!

Viel ist noch zu sagen – doch noch viel mehr noch zu trinken da. So kommen wir zum Schluß zu dem Schluß, daß Arbeit verschleißt, und das ist analog und chronistisch! (Geschwungene Bierflaschen verdecken den Sternenhimmel.)

Drum stimmen Sie mit mir ein in den Schlafruf der Glücklichen Arbeitslosen/Weimarer Sektion, Sektion Weimar: Wenn das letzte Bier getrunken, der letzte Kaviar gelöffelt und das letzte Gras geraucht ist, werdet Ihr erkennen, daß man von 2800 Mark Arbeitslosengeld nicht leben kann! Prost.«

Pierre C. Deason
Weimar

Jenseits von Geld und Börse

In Ludwigsburg von einem japanischen TV-Team
aufgespürtes Graffito

Der Todeskampf
der Arbeitsgesellschaft

Die Ökonomie ist das derzeit einzig zugelassene Erklärungsmodell für gesellschaftliche Vorgänge. Sie kommt im Gewand einer objektiven Wissenschaft daher und ist doch nichts weiter als eine Ideologie. Der Begriff ist vom griechischen »oikos« abgeleitet, was soviel bedeutet wie Haushalt. Der Haushalt war im antiken Athen der Ort, an dem die lebensnotwendigen Tätigkeiten ausgeführt wurden, wo gearbeitet wurde. Inzwischen hat sich der Haushalt auf die gesamte Gesellschaft ausgedehnt und sie in eine Arbeitsgesellschaft verwandelt. Heute kann Arbeit nur noch vermittelt über Geld als lebensnotwendige Tätigkeit verstanden werden; die Produktion eines beheizbaren Außenspiegels für VW ist nicht für die gesamte Gesellschaft lebensnotwendig, für den an der Produktion beteiligten Arbeiter ist sie es nur insofern, als daß er nur so das nötige Geld bekommt, um überleben und darüber hinaus am gesellschaftlichen Reichtum teilhaben zu können. Andernfalls wäre diese Tätigkeit für ihn sinnlos.

Die vorherrschende Organisation der Arbeit in diesem Jahrhundert war bis in die 70er Jahre hinein die extrem arbeitsteilige Fließbandproduktion in großen Fabriken. Um für die stumpfen, für sich genommen völlig sinnlosen Tätigkeiten Menschen zu finden, die nicht nach ein paar Monaten wieder gehen, hat Ford 1914 den 5-Dollar-Tag eingeführt. Das entsprach damals etwa dem doppelten des sonst üblichen Lohns. Da trotz steigender Lohnkosten die Produktionskosten sanken, setzte sich diese Art Vertrag – monotone Arbeit gegen Konsumteilhabe – nach dem 2. Weltkrieg in den westlichen Staaten erst einmal durch. Was folgte, waren Massenmotorisierung, Verbreitung von Rundfunk und Fernsehen, Ausstattung der meisten Haushalte mit Kühlschränken, Waschmaschinen, elektrischen Dosenöffnern und dergleichen nützlichen Dinge mehr – verbunden mit relativer sozialer Ruhe.

Die Ruhe war mit den Ende der 60er Jahre aufkommenden Jugend- und Studentenbewegungen in allen westlichen Staaten erst einmal vorbei. Arbeitsverweigerung in den unterschiedlichsten Ausprägungen machte sich in den Fabriken breit: vom regelmäßigen Blaumachen und kleineren Sabotageakten über wilde Streiks bis zur Fabrikguerilla in Italien. Viele desertierten aus den Fabriken und flohen in die Selbständigkeit, schlugen sich mit Gelegenheitsjobs durch oder lebten fortan von Stütze. Die Reaktion der Unternehmerseite ließ nicht lange auf sich warten. Seit Mitte der 70er Jahre werden unter den Schlagworten »schlanke Produktion« und »just-in-time-Produktion« ganze Abteilungen geschlossen und auf der »grünen Wiese« als Subunternehmen neu gegründet sowie die Lagerhaltung minimiert. Die Investitionen in Automation werden deutlich erhöht, was durch die Entwicklung der Computertechnologie spektakuläre Folgen hat: ständige Massenentlassungen trotz Wirtschaftswachstum, Massenarbeitslosigkeit und Massenarmut als Begleiterscheinungen einer grundlegenden Neuorganisation der Produktion. Die Fabrik als Zentrum der Lohnarbeit gehört der Vergangenheit an.

Abgeschafft wurde sie aber nicht. Hier wird sogar mehr als vorher produziert, nur mit deutlich weniger Menschen und stark dezentralisiert. Wenn man dem medialen Getöse der letzten Jahre Glauben schenken würde, befänden wir uns wahlweise auf dem Weg in eine Dienstleistungs- oder in eine Informationsgesellschaft, was immer sich jeweils dahinter auch verbergen mag. Tatsächlich sinkt der Anteil menschlicher Arbeit, der direkt produktiv ist, seit Jahren zugunsten von immaterieller Arbeit. Ist ein Computerprogramm noch mittelbar produktiv, indem es die Wirkung menschlicher Arbeitskraft vervielfacht, so kann etwas ähnliches über den Medienbereich nicht gesagt werden. Der größte Teil dessen existiert nur, um dafür Sorge zu tragen, daß sich genügend Menschen zum Anhören der Werbebotschaften finden. Die Beiträge dazwischen sind Werbung für die Werbung, die letztlich der Legitimation der Produktion und der damit verbundenen Arbeit dient. Gesellschaftlich notwendig sind diese Tätigkeiten also überhaupt nicht, noch nicht einmal nützlich. Trotzdem spielen sie eine zentrale Rolle in der herrschenden Ideologie, was sicherlich daran liegt, daß sie der Aufrechterhaltung des Status Quo dienlich sind.

Medienarbeiter würden sich selbst sicherlich nie als solche bezeichnen. Zu sehr unterscheiden sich ihre Arbeitsbedingungen von der traditionellen Fabrikarbeit. Ob als neue Angestellte, freie Mitarbeiter oder was auch immer, sie sind Teil einer neuen Kerngruppe der Lohnabhängigen. Die Knute der Stechuhr ist hier durch Selbstkontrolle ersetzt worden. Die dazu benötigte Sozialtechnik wird Corporate Identity genannt. Alle Mitarbeiter sollen sich mit dem Geist »ihres« Unternehmens identifizieren, ihre persönlichen Ziele sollen mit denen des Unternehmens identisch sein. Dazu wird gerne von flachen Hierarchien, Kommunikations- und Kooperationsfähigkeit oder von Teamarbeit geredet. Ansprüche auf Selbstverwirklichung und Individualität werden aufgegriffen und in der Freizeit entwickelte kreative Interessen und Fähigkeiten werden im Sinne des Unternehmens abgeschöpft.

Hier verwischen die Grenzen zwischen Arbeit und Freizeit. Die Arbeit breitet sich, obwohl sie gesellschaftlich größtenteils völlig unnötig ist, sogar noch in das Privatleben aus. Der Medienarbeiter muß neben seiner Arbeitskraft seine Persönlichkeit gleich mit verkaufen,

164

andernfalls fliegt er raus und findet sich in den Niederungen der unqualifizierten Arbeit im Dienstleistungssektor wieder.

Die Arbeitsgesellschaft entwickelt eine erstaunliche Kreativität zu ihrer Selbsterhaltung. Immer wieder werden Tätigkeiten gefunden, die noch den Marktmechanismen unterworfen werden können. Pizza-Bring-Dienste oder Imbisse ersetzen Teile der Hausarbeit, die unbestritten eine lebensnotwendige Tätigkeit und damit Arbeit ist. Das Gleiche könnte man allerdings auch über das Arschabwischen sagen, unklar bleibt dabei aber, warum das unbedingt marktförmig organisiert werden muß, schließlich geht es auch ganz gut anders. Andere Tätigkeiten sind überhaupt erst durch die Dezentralisierung der Produktion und die Globalisierung der Wirtschaft in dem Ausmaß, in dem wir sie heute sehen, entstanden. Ständig müssen irgendwelche Produkte, die dazu noch so schlecht sind, daß sie ständig neu hergestellt werden müssen, durch die Welt kutschiert werden. Deshalb gibt es Kurierdienste und müssen immer wieder neue Straßen, Flughäfen und dergleichen gebaut und erneuert werden.

Besonders originelle Ideen kommen wie immer aus dem Lager der staatstragenden Linken. Jetzt wollen sie den Arbeitsbegriff erweitern. Dazu soll ein sogenannter dritter Sektor unabhängig vom Markt etabliert werden. Bisher ehrenamtliche Tätigkeiten im kulturellen oder sozialen Bereich sollen zu Arbeit »befördert« und als solche dann auch bezahlt werden. Es ist natürlich nichts dagegen einzuwenden, daß Menschen, die sich freiwillig engagieren, auch Geld bekommen. Leider ist zu befürchten, daß diejenigen, die das nicht tun, dann nichts mehr kriegen und so aus ehrenamtlichen Tätigkeiten eine Verpflichtung wird.

Die einfallsreichen Versuche, neue Arbeit zu erfinden, können nicht darüber hinwegtäuschen, daß dieser Arbeitsgesellschaft die Arbeit, im Sinne von notwendiger oder erweitert von nützlicher Tätigkeit, schon jetzt weitgehend ausgegangen ist. Die Kontrolle über die Produktion von Reichtum hängt aber ab von der Kontrolle über die menschliche Arbeit. Es ist nicht zu erwarten, daß diejenigen, die diese Kontrolle derzeit ausüben, freiwillig auf die damit verbundenen Privilegien verzichten. Deshalb wird es eine von Arbeit befreite Gesellschaft ohne eine Überwindung des derzeitigen politischen und ökonomischen Systems nicht geben.

Søren Jansen
(Aus: *müßiggangster* Nr. 1, Oktober 1998)

166

Bindungsenergie

Erwartungsgemäß kam die härteste Kritik, die wir bislang geerntet haben, von Rezensenten aus dem linksradikalen Spektrum[*]. Auf eine nicht gerade logische Weise wird uns gleichzeitig vorgeworfen, eine gemütliche Nische innerhalb des Kapitalismus zu suchen und den Kapitalismus »einfach verlassen« zu wollen; auf jeden Fall wird uns ein Verzicht auf den Klassenkampf zugeschrieben, um uns prompt in die Schublade des »Kommunitarismus« zu werfen – und was dieses Wort auch immer bedeuten soll, ahnt man schon, es muß eine schlimme Sache sein. Unbedingt würde es uns an Radikalität und politischer Perspektive mangeln, kurz gesagt: Die Reinheitsprüfung der radikalen Kontrolleure haben wir nicht überstanden.

Es ist auch nicht weiter erstaunlich, daß diese Vorwürfe sich auf die letzten drei Seiten unseres sogenannten »Manifests« konzentrieren. Wenn gutgeschulten Politmenschen ein Manifest in die Hand geschoben wird, fangen sie zunächst mit den letzten Seiten an, um zu erkennen, welche programmatischen Schlußfolgerungen gezogen werden und ob diese »richtig« oder »falsch« sind. Nur hatten wir kein »Manifest« geschrieben, der Text namens »Auf der Suche nach unklaren Ressourcen«

---

[*] Gemeint sind u.a. eine böse Fußnote im Wildcat-Zirkular (Dezember 1997), außerdem ein Artikel von Andreas Behl »Arm aber glücklich« in der Jungle World (Februar 1998) und ein Text von Raul Zelik aus dem Internet mit dem Titel »Freizeitdress«.

wurde erst von Journalisten als solches bezeichnet. Es waren nur ein paar Überlegungen, und die am Ende sind zufällig bzw. assoziativ dorthin geraten. Damit wollten wir also keine »Strategie« entwerfen, und wer diese Schrift wie ein Parteiprogramm liest, ist selbst daran schuld!

Worum ging's noch einmal? Um zwei Propositionen, nennen wir sie A und B:

A. »Der Glückliche Arbeitslose ist der Meinung, er sollte für seine Nicht-Arbeit entlohnt werden.«

B. Doch »wer über keine sozialen Verbindungen verfügt, wird nie genug Geld haben, um seine existentielle Not zu mildern«.

Beide Propositionen beziehen sich auf konkrete Umstände, die im übrigen nicht nur für Arbeitslose gelten, nämlich: A auf Geldlosigkeit und B auf soziale Isolierung. Der Anteil beider Faktoren in der individuellen Not mögen von Fall zu Fall variieren, doch sind sie eindeutig zwei Seiten desselben Blattes und können nur in ihrem Zusammenhang erfaßt werden. Nur richtet sich A auf eine äußere Macht (auf den von Staat und Kapital angehäuften finanziellen Reichtum), während B sich auf etwas bezieht, was zwischen »einfachen« Menschen geschieht oder eben nicht geschieht. Dabei waren wir nicht so unverfroren, Wunderlösungen zu liefern, wir stellten die Sache einfach zur Diskussion.

In der Regel wurde A von unseren kompromißlosen Kritikern in Kauf genommen, denn damit lassen sich politische Forderungen artikulieren (etwa der zur Zeit eifrig abgenagte Knochen des »Existenzgeldes«). Hingegen wurde B abgelehnt, denn – so wird zumindest angenommen – damit kann man keinen »Kampf gegen den Staat« anfangen. Schlimmer noch: Wer über die (Wieder)herstellung von sozialen Zusammenhängen redet, macht sich sofort bei der linken Sippe verdächtig, Nischenpolitik, wenn nicht gar eine »völkische« Ideologie zu vertreten. Und unseren Fall haben wir noch ver-

168

schlimmert, indem wir ein konkretes Beispiel der sozialen Vernetzung erwähnt haben und dazu auch noch ein afrikanisches. Prompt wurden wir dann als »Ethno-Schwärmer« und Verehrer der Frauen- und Kinderausbeutung kategorisiert, die alle »arm aber glücklich« sehen wollen.

Bewundernswert ist die unbegrenzte Fähigkeit der Politradikalen, andere Menschen und Kulturen zu ignorieren. Wenn man diesen Menschen aber zuhört, ergibt sich ein viel feineres Bild von Armut und Glück. Die Bamileke aus Kamerun haben ein Sprichwort: »Das Geld ist gut, doch der Mensch ist besser, denn er kommt, wenn man ihn ruft.« Die Sereres aus Senegal sagen: »Wirklich arm ist nicht derjenige, der keine Klamotten hat, sondern der, der niemanden hat.« Und der Taoist Tschuang Tseu: »Armut bedeutet, an Hab und Gut zu mangeln, aber Elend heißt die Unmöglichkeit, seine Fähigkeiten ausüben zu können. Ich lebe zwar in Armut, aber gar nicht im Elend.« Keineswegs wird da Geldmangel als eine Tugend gepriesen, sondern bloß die Überlegenheit der sozialen Komponente des Lebens behauptet. Solche weltweit verbreiteten Weisheiten können nicht einfach vom Tisch geschoben werden. Es sei denn, Revoluzzer betrieben auch Kulturimperialismus und behaupteten, diese lachenden Wilden hätten sowieso keine Ahnung, wovon sie reden.

Allem Vorbehalt zum Trotz, den man gegen jede Statistik haben soll, ist das Ergebnis einer vor kurzem veröffentlichten Studie der London School of Economics erwähnenswert. Untersucht wurde das subjektive Glücksgefühl der Bewohner von 54 Ländern der Welt. Danach sind die ersten acht auf der Glücksrangliste: Bangladesch, Aserbaidschan, Nigeria, Philippinen, Indien, Ghana, Georgien und China. Dabei kommt Deutschland erst auf Platz 42, Japan auf 44 und die USA auf 46! »Was die Menschen in den armen Ländern gegenüber denen in den Industriestaaten glücklicher macht, läßt sich mit Geld nicht kaufen. Es sind die sogenannten sozialen Kontakte. (...) Das Gefühl von Geborgenheit ist es offenbar, was den Menschen vor allem Lebensglück verschafft.« (*Tagesspiegel* vom 9.12.98) Gewiß könnten solche Argumente für die Legitimation der fortdauernden Auspressung der armen Länder ausgenutzt werden (wenn sie dabei glücklich sind, dann…). Nichtsdestotrotz tragen sie auch zu einer wesentlichen Kritik diesseitiger Verhältnisse bei. Wir wollten die ungeheure Vereinzelung der westlichen Menschen (die, gemäß Tschuang Tseus Definition, nicht immer in Armut, doch stets im Elend leben) als Bestandteil der sogenannten »Arbeitslosigkeitsproblematik« signalisieren und natürlich nicht die Wiedereinführung der Sippengesellschaft fordern.

Bekanntlich spricht gegen die romantische Idealisierung der früheren Gesellschaftsformen die Tatsache, daß sich viele Männer und insbesondere Frauen aus der sogenannten »Dritten Welt«, sobald sie die Gelegenheit haben, der Sippe entledigen, um in Großstädten unabhängig zu leben. Es ist unbestreitbar, daß die individuelle Freiheit, zumindest wie wir sie hier verstehen, eine Errungenschaft »unserer« Gesellschaft ist. Keinen Tag würde ein Europäer das Leben in einer afrikanischen Dorfgemeinschaft ertragen können. Wer einmal von der Anonymität und der dadurch ermöglichten Andersartigkeit gekostet hat, wird nie wieder darauf verzichten können. Und ohne diese Antriebskraft ist übrigens die Weltherrschaft des Kapitalismus nicht zu verstehen. Doch hat die Unabhängigkeit von der Großfamilie, der Sippe usw. auch ihren Preis, nämlich die unpersönliche und unvermeidlichere Abhängigkeit von Staat und Geld und die daraus folgende soziale Kälte. Der mexikanische Einwanderer hat in den USA seine Anonymität gewonnen, und was singt er? Schöne nostalgische Lieder über die verlorene Heimat. Er ist vom »Dorfauge« befreit, doch hat er kein Geld, hilft ihm auch niemand. Mir ist nicht bekannt, daß dieser rätselhafte Widerspruch zwischen sozialem Reichtum und individueller Freiheit jemals gelöst wurde. Doch genau so wie sich afrikanische Mädchen der westlichen Modernität bedienen, um mehr persönliche Autonomie zu erringen, kann es für atomisierte Europäer lehrreich sein, einen Blick auf die vorkapitalistischen Traditionen zu werfen in der Absicht, ihr eigenes soziales Umfeld zu verbessern.

Guillaume Paoli
(Aus: *müßiggangster* Nr. 2, Frühling 1999)

Wer hat Angst vor der
freien Zeit?

Im November 1998 wurde ich von der Heinrich-Böll-Stiftung eingeladen, an einer Tagung zur »Zukunft der Arbeit« teilzunehmen. Mein Aufsatz dazu erschien in der Zeitschrift *Kommune* 4/99, allerdings in einer stark kastrierten Fassung. Erwartungsgemäß wurden sämtliche Stellen amputiert, wo über alternative Ökonomen und Spezialisten gespottet wird. Es folgt die unkastrierte Fassung.

Es könnte ein Märchen sein: Einst ging den Bauern von Eurodorf die Arbeit aus. Saat und Ernte erledigten sich von alleine und die Speicher füllten sich ohne ihr Zutun an. Doch statt sich zu freuen und ihr neues Dasein zu genießen, wurden die Bauern sehr traurig, nicht mehr ackern zu können. Verzweifelt baten sie den weißbärtigen Weisen vom Dorf um Rat. »Alles kommt auf die Definition an«, antwortete er. »Wenn es keine Arbeit im bisherigen Sinne mehr gibt, dann braucht Ihr nur all jene kleinen Tätigkeiten, die Ihr bislang einfach so ausübtet, zu Arbeit zu erklären. Dann wird jeder seinen Arbeitsstolz wiedergewinnen (und außerdem kostet es den Gutsherrn keinen Pfennig).« Und so taten sie. Wenn ein Bauer zum Beispiel nach wie vor seinen Nachbarn besuchte, stellte er nun eine Rechnung aus und bekam eine kleine Belohnung für seine »Dienstleistung«. Durch die allgegenwärtige Rechnerei wurde zwar das Alltagsleben erheblich erschwert, doch konnten alle wieder behaupten, sie arbeiteten. Und wenn sie nicht vor Langeweile gestorben sind, dann leben sie noch heute.

In Ermangelung von Arbeitsbeschaffung hat heute die Arbeitsbenamung Konjunktur. Eine Tagung zur »Zukunft der Arbeit« gleicht einer Orgie der Definitionen. Nebst der knappgewordenen Erwerbsarbeit werden uns (so die Tagungsmappe) »schillernde Begriffe« wie »New Work«, »bürgerschaftliches Engagement«, »Bürgerarbeit« und »informelle Arbeit« serviert. Wenn ich ein Buch lese, wird mir nun erklärt, ich leiste »Eigenarbeit« (was ich zusätzlich davon habe, ist mir nicht klar geworden). Sogar Monstren wie »Beziehungsarbeit« bleiben uns nicht erspart (so tolerant ich auch bin, ich würde keine Beziehungsarbeiterin als Freundin schätzen!). Möge sich Heinrich Böll, Verfasser einer ›Anekdote zur Senkung der Arbeitsmoral‹, im Grab umdrehen: Seine Erben sind arbeitswahnsinnig geworden!

In einer solchen Debatte fühle ich mich etwas deplaziert. Die Glücklichen Arbeitslosen haben kein Zukunftsmodell zu bieten; besser gesagt, sie verzichten auf vorgefertigte Denkgebäude, in denen sich die Menschen erwartungsgemäß wohl oder übel niederlassen werden. Uns geht es darum, die Gegenwart neu zu bewerten und möglichst zu ändern. Zu der Frage »Was tun?« kann ich nur vorschlagen: Erstmal aufhören, mit den Wölfen zu heulen, um die Gedanken von der Wirtschaftspropaganda freizumachen.

Als gesamtgesellschaftlich relevant betrachte ich nur die Vorstellung, einen freien Raum zu schaffen, in dem alle möglichen Handlungen und Experimente ermöglicht werden können. Um sich »verwirklichen« zu können – was das auch immer heißen soll – brauchen manche eine Arbeitsstruktur, andere eher Dilettantismus und Muße. Schließlich darf man auch diejenigen nicht vergessen, die einfach eine Pause brauchen und in Ruhe gelassen werden möchten. Also werde ich mich hier darauf beschränken, von der Gegenwart ausgehend negative Bemerkungen zu den gängigen Zukunftsvorstellungen der Arbeit zu machen. Meiner Meinung nach wird das

173

Positive nicht von Spezialisten, sondern von sozialen Bewegungen, Bürgerinitiativen oder Sowjets bestimmt werden können – oder auch nicht.

Mein erster Einwand heißt schlicht und einfach: Lohndumping. Ich weiß, daß heutzutage das Wagnis, in einer wissenschaftlichen Diskussion zu erwähnen, daß Menschen, wenn sie schon entfemdete Arbeit leisten, dies in der Erwartung tun, zumindest genügend Geld zu verdienen, beinahe ordinär erscheint (schon das Wort »Entfremdung« zu benutzen, gilt als Zeichen des Rückschritts). Wahrlich sind viele Tätigkeiten, die dem »dritten Sektor« zugeordnet werden, keineswegs neu. Notwendige, doch nicht gerade angenehme Arbeit wie z.B. Müllabfuhr, Straßenreinigung oder Altenpflege existierte schon immer, war aber bislang, meist im öffentlichen Sektor als Erwerbsarbeit, wenn auch schlecht, doch immerhin tariflich bezahlt. Heute aber werden Sozialhilfeempfänger gezwungen, solche Jobs als »gemeinnützige Arbeit« für 3 Mark pro Stunde anzunehmen. Diese neuen Zustände sind eindeutig Teil des gegenwärtigen Klassenkampfes von oben, der die Löhne in dem Maße senkt, wie er die Gewinne maximiert. Und alles deutet darauf hin, daß wir erst am Anfang dieses Prozesses stehen: Da jetzt Krankenhäuser unter dem Vorwand geschlossen werden, sie seien »nicht rentabel«, könnte man sich vorstellen, daß selbst ein Chirurg künftig im »Nicht-Profit-Sektor« arbeiten und entsprechend »belohnt« werden wird. Angesichts dieser Entwicklung sind wohl Begriffe wie »Bürgerarbeit« verdächtig, der blanken Legitimierung der erzwungenen Verelendung eines erheblichen Teils der Bevölkerung zu dienen. Wie üblich werden sich die Untertanen mit »immerhin besser als nichts« und »es gibt sowieso keine Alternative« zufrieden geben müssen. Wenn aber gemeinnützige Tätigkeiten nur mit Peanuts bezahlt werden sollen, wieso sollte denn die nichtgemeinnützige Prostitution, die nur dazu dient, die Gewinne einer Firma zu erhöhen (man denke

174

z.B. an die Werbeindustrie), mit fettem Geld entlohnt werden? Derartige Theorien sind um so unverschämter, da sie von Sozialwissenschaftlern stammen und propagiert werden, die dafür, meistens als Beamte oder höhere Angestellte, das Fünffache der Sozialhilfe oder mehr verdienen. (Besonders pikant ist das »wir« in Herrn Liedtkes Buchtitel: »Wie wir arbeiten werden«. Patrick Liedtke, Mitglied des Club of Rome, war auch Teilnehmer dieser Tagung.) All diese Apostel der sozialen Gerechtigkeit werden sich erst glaubwürdig machen, wenn sie selbst auf die Hälfte ihres Lohnes verzichten, um für 3 Mark pro Stunde Hundescheiße zu entfernen.

Mit der Lohnfrage erschöpft sich aber nicht die Kritik. Immer wieder berührt die Diskussion zur Zukunft der Arbeit die alte Weisheit, das menschliche Leben teile sich in ein »Reich der Notwendigkeit« (der Arbeit) und ein »Reich der Freiheit« (der sog. Freizeit), welches sich ideell ausdehnen sollte. Dabei wird ein immerwachsendes, drittes Reich ignoriert: das Reich der Simulation. Es wird in der Arbeitswelt heftig simuliert! Um an Geld ranzukommen (der eigentliche Zweck), wird der Einzelne immer öfter dazu genötigt, irgendeine fiktive Notwendigkeit vorzutäuschen. Oder gibt es eine reale Notwendigkeit, etwa holländische Tomaten nach Italien zu transportieren und dort zu vermarkten? Besonders prägnant ist aber das Simulationsgeschäft für die heutigen Arbeitslosen und Sozialhilfeempfänger. Immer wieder werden wir gezwungen, in einer aussichtslosen Umschulung oder einer »Arbeitsbeschaffungsmaßnahme«, die keine Arbeit beschafft, eine temporäre Nische zu finden. Mittlerweile sind manche unter uns schlau genug geworden, irgendein »Projekt« beschreiben zu können und ihm den Anschein äußerster Dringlichkeit zu verleihen. Wie einst im Sozialismus lautet da der Kompromiß: Ihr tut, als ob Ihr Arbeitsplätze schafft, wir tun, als ob wir arbeiten. Da diese institutionalisierte Fiktion nicht radikal in Frage gestellt wird, erscheint es zweifelhaft, ob

175

die Einführung eines dritten, Nicht-Profit-Sektors oder was auch immer, etwas ändern würde. Diejenigen, die mit Projektschreiberei, Buchhaltungstricks und Behörden umgehen können, werden sich nach wie vor als inoffizielle Simulanten zu »integrieren« wissen (übrigens eine Situation, die nicht gerade befriedigend ist). Nur Pech für die, die es nicht können.

In früheren Zeiten ließ sich die Arbeit einerseits dadurch legitimieren, daß die Herstellung einer bestimmten Anzahl von Produkten lebensnotwendig war (man muß wohl essen, wohnen, fahren usw.) und andererseits, daß sein Lohn dem Arbeiter ermöglichte, immer mehr Wohlstand (sprich: Waren) zu genießen. Durch die oben erwähnten Faktoren – Simulation und Lohnsenkung – sind beide Argumente weitgehend überholt worden. Wo weder die Notwendigkeit der Produktion noch der wachsende Genuß des Konsums hervorgerufen werden können, entsteht ein tendenzieller Fall der Sinnrate, der mittels einer Ersatzlegitimation kompensiert wird: Arbeit bilde, so wird uns nun erzählt, den einzigen Zugang zu sozialer Integration. Egal, ob ich eine sinnlose »Trainingsmaßnahme« für einen Appel und ein Ei ausübe, wichtig ist dabei, daß ich mich wieder in die Gesellschaft eingliedere. Man bewundere das Bestreben, so eine verschrobene Idee glaubhaft zu machen.

Neben der Lohnsenkung in bereits existierenden Jobs und der Vermehrung von fiktiven Beschäftigungen droht die »neue Arbeit« eine weitere negative Tendenz zu untermauern, nämlich die Ausdehnung der ökonomischen Logik in Bereiche des sozialen Lebens, die bislang noch davon verschont blieben. Man mag sich stundenlang über die Definition der Arbeit zanken, doch eines bleibt unbestreitbar: Bezieht man eine bestimmte Tätigkeit in die ökonomische Sphäre ein, unterwirft man sie gewissen Regeln: Dazu gehören die Abkopplung von anderen Handlungen, die Zumutung von quantifizierbaren Ergebnissen, die Messung der Arbeitszeit, die

176

hierarchische Kontrolle und gegebenfalls die Bestrafung von als deviant angesehenem Verhalten. Fraglich ist, ob solche Merkmale für sämtliche Bereiche des menschlichen Lebens geeignet sind. Das Wachstum des Dienstleistungssektors verdeutlichte zu Genüge, daß die Ökonomie sich auf die Zerstörung von sozialen Zusammenhängen stützt. Atomisierte, gestreßte Arbeitnehmer haben keine Zeit für ihre Nachbarn übrig, also gibt es eine Nachfrage für Jobs wie »Nachbarschaftshilfe«. Ein amüsantes, negatives Beispiel davon lieferte Herr Liedtke in seinem Vortrag, in dem er ein ernstgemeintes Argument gegen die Arbeitszeitverkürzung vortrug: »Bedauerlicherweise« sagte er, hätten die Arbeiter, die weniger arbeiten, mehr Zeit, um Dinge selbst zu machen, was wiederum die Arbeit von anderen überflüssig machen würde. Freizeit vernichtet Arbeitsplätze, also ist Freizeit schädlich. So denkt ein Ökonom! Hingegen plädieren die Glücklichen Arbeitslosen für die Entökonomisierung des Alltags.

Vielsagend ist, daß die »neue« Arbeit nur negativ, nicht-profiterzeugend und informell, definiert wird – ein leerer Raum, der dann durch den subjektiven Impetus des »Engagements« gefüllt werden sollte. Im übrigen ist der sogenannte informelle Sektor in Afrika, Indien und anderswo vollkommen formalisiert, nur ist er von sozialen Traditionen strukturiert, die mit ökonomischen Kategorien nicht begriffen werden können. Und diese Traditionen wurden immer von der Ökonomie als hinderlich bekämpft. Es fragt sich auch, weshalb gemeinnützigen Tätigkeiten ein Profitverbot anhängen sollte? Gerade die bisherigen Erfahrungen zeigen, daß der »informelle« Sektor eher eine Art Reservoir darstellt, dessen erfolgreicher Teil ständig »abgeschöpft« wird, um wieder in den Umlauf der »normalen« Marktwirtschaft gebracht zu werden, so daß jegliche Chance, eine andere Logik als die Marktlogik entwickeln zu können, verloren geht. Eine Koexistenz der unberührten, sich selbst fressenden, globalen Wirtschaft mit Nestern des mittellosen Gemeinwohls würde eine Art soziale Schizophrenie produzieren, die auch noch verinnerlicht werden sollte: Die Vorstellung eines Teilzeitbürger- / Teilzeiterwerbsarbeiters gleicht einem modernen Sisyphos, der die Hälfte seines Lebens damit verbringt, die ökologischen, psychologischen und sozialen Schäden zu reparieren, die er während der anderen Hälfte verursacht.

Wo hört die Arbeit auf? 1820, setzte sich Thomas Robert Malthus – ein Humanist, der alle ökonomisch überflüssigen Menschen sterben lassen wollte – mit dieser Frage auseinander: »Wenn die Mühe, die man sich gibt, um ein Lied zu singen, als eine produktive Arbeit betrachtet werden kann, weshalb sollte dann die Anstrengung, eine Konversation unterhaltsam und lehrreich zu gestalten, welche bestimmt ein viel interessanteres Ergebnis verursacht, von der Zahl der tatsächlichen Produktionen ausgeschlossen sein? Warum auch nicht die zweifellos lebenswichtigsten Bemühungen, unsere Leidenschaften in Ordnung zu bringen und den göttlichen und menschlichen Gesetzen zu gehorchen, eingliedern? In einem Wort: Warum sollte irgendeine Aktion, die nach einer Befriedigung oder der Vermeidung eines Leidens trachtet, sei es in der Gegenwart oder der Zukunft, ausgeschlossen werden? Gewiß sollten in dieser Hinsicht alle Tätigkeiten, die der Mensch in jedem Augenblick seines Lebens ausübt, einbezogen werden.« (»Grundsätze der politischen Ökonomie«)

Von einer solchen Ausdehnung des Begriffs wich Malthus wieder ab und wandte sich der klassisch gewordenen Definition zu: Der Arbeit als ökonomischer Kategorie entsprechen ausschließlich die Tätigkeiten, für die man entlohnt wird. Insofern leistet z.B. nur jemand eine »produktive Arbeit«, der einen Lohn bekommt für seine »Anstrengung, eine Konversation unterhaltsam zu gestalten« (etwa als Fernsehhanswurst). Die Trennung zwischen Lohnarbeit und anderen Tätigkeiten ist jedoch

178

aus der umgekehrten Perspektive nicht so abwegig. Sie entspricht der antiken Differenzierung zwischen »Otium« (freie Tätigkeiten, auf deutsch: Muße) und »Negotium« (nicht-freie, also verkäufliche Tätigkeiten). Es gibt einen qualitativen Unterschied, je nachdem ob ich ein und dieselbe Tätigkeit ausübe, um Geld zu verdienen oder nicht. Als ich als Übersetzer gejobbt habe, waren meine Übersetzungen bestenfalls mittelmäßig, denn ich mußte unter Zeit- und Leistungsdruck arbeiten. Wenn ich hingegen während meiner Arbeitslosenzeit einen Text übersetze, ist das Ergebnis, wenn ich zu einem Ergebnis komme, hervorragend, denn ich nehme mir die nötige Zeit dafür und kann beliebig meinen Entwurf beiseitelegen, wiederaufnehmen oder aufgeben. An diesem Beispiel zeigt sich im übrigen, wie irrelevant all die neugebastelten Arbeitsbegriffe sind. Was tue ich, wenn ich einen Text übersetze? Es ist vorerst ein Spiel (einem Kreuzworträtsel ähnlich), kann aber, wenn man will, sowohl als »Eigenarbeit« (Bildungsprozeß) als auch als »Bürgerarbeit« (wenn ich andere Menschen von dem Text profitieren lasse) betrachtet werden. Und wenn sich die Gelegenheit ergibt, meine Übersetzung zu verkaufen, wird sie wieder in die Erwerbssphäre integriert. Wichtig dabei ist aber die Unverbindlichkeit all dieser Momente. Der Weg ist das Ziel, die Zeit zählt nicht, die Leistung ist sekundär: alle Merkmale, die sich am besten unter dem Begriff »Muße« verstehen lassen. Und dies gilt nicht nur für »geistige« Tätigkeiten, sondern mag auch für Handwerk, technologische Erfindung, Gärtnerei, Pflege von sozialen Kontakten usw. von Relevanz sein.

Wie auch immer: Ist einmal der Zaun der Erwerbsarbeit überschritten, öffnet sich das weite Feld sämtlicher »Tätigkeiten, die der Mensch in jedem Augenblick seines Lebens ausübt«, und der Versuch, eine neue Grenze zu ziehen, kann nur in Willkür ausarten. Mir sind von vornherein sämtliche Modelle verdächtig, die, obgleich sie aus einem spezialisierten Sektor stammen, behaupten, für »die Allgemeinheit« zu gelten. Vielsagend war die Aussage einer Frau während eines Plenums der Böll-Stiftung, die lamentierte, »die unteren Schichten« (sic!) zeigten wenig Interesse an »Bürgerarbeit«. Meiner Meinung nach liegt das Problem in der Herkunft des Bürgerarbeitsbegriffs, in dem Fall also der Vorstellungswelt, den Gewohnheiten und Bedürfnissen von mittelständischen Grün-Wählern und *taz*-Lesern mit Uni-Abschluß. Islamische Händlerfamilien aus Kreuzberg, Arbeitslose aus einer seligen Industriestadt der seligen DDR oder obdachlose Punks werden andere Auffassungen des sozialen Lebens vertreten. Vor allem verbirgt sich immer hinter solchen Denkkonstruktionen eine autoritäre Anschauung. Integration ist so wichtig, daß der Mensch auch gegen seinen Willen integriert werden muß. Selbstbestimmung ist eine feine Sache, doch letztendlich muß die Obrigkeit die Grenzen der Selbstbestimmung überwachen. Bei der Böll-Stiftung werden wohl Ausdrücke wie »Schmarotzer« oder »soziale Hängematte« nicht ausgesprochen, doch liegen sie in der Luft. Man bewundere Ralf Fücks' Definition des Bürgergehalts, »dessen Höhe über die heutige Sozialhilfe hinausgeht, mit der *Verpflichtung* zu einem bestimmten Kontingent von *selbst gewählter* Bürgerarbeit« (hervorgehoben von mir. Der Grüne Fücks ist Vorsitzender der Böll-Stiftung). Selbstgewählte Pflicht bzw. Zwang zur Selbstwahl kennen wir bereits: Beim Sozialamt heißt das nazistisch »IdA« (Integration durch Arbeit): Sozialhilfeempfängern wird angeboten, sich etwa zwischen »leichter Reinigungsarbeit« und »Müllbeseitigung« zu entscheiden. Soweit mit der Selbstwahl, jetzt kommt die Pflicht, denn dem, der sich weigert, eine dieser Stellen anzunehmen, wird die Sozialhilfe sofort gestrichen.

Da man aber dabei ist, sich Gedanken über eine bessere Zukunft zu machen: Warum könnte die Einführung eines Bürgergehalts bzw. Sozialeinkommens nicht ohne bürokratisch verordnete Bedingungen auskommen? Wie wäre es, wenn alle Geringverdienenden eine Existenzsicherung automatisch erhielten? Gewiß würde eine solche Maßnahme nicht alle Probleme lösen, doch sie würde vielleicht ein Experimentierfeld eröffnen, wo musterhafte Initiativen eine Art Entziehungskur anbieten könnten. Bürgergehalt als Methadon für Arbeitssüchtige! Hunderte von Zeugnissen, die wir Glücklichen Arbeitslosen gesammelt haben, zeigen, daß es bereits viele Menschen gibt, die jenseits von Arbeit ihre freie Zeit zu gestalten wissen. Nur werden sie durch Schikanen der Arbeits- und Sozialämter daran gehindert. Selbst wenn sie noch in der Minderheit sind, sollten sie nichtsdestotrotz als Gegenpol anerkannt werden, der eine Anziehungskraft auf desorientierte Erwerbslose ausüben würde. Auch biersaufende und fernsehglotzende Langzeitarbeitslose mit Nullbock auf Eigeninitiative und einem angeblichen Herz für Rechtsradikale sind eine Minderheit, doch dieses Schreckbild wird stets als Vorwand für Zwangsmaßnahmen gezückt. Jedoch, da können Sozialarbeiter machen, was sie wollen, »asozial« gestempelte Menschen werden sich – zum Glück auch – nicht umerziehen lassen. Man kann die Penner entweder aus der Öffentlichkeit vertreiben, um den Schein zu wahren, oder sie in Ruhe lassen. Übrigens: Was ist für diejenigen vorgesehen, die wegen mangelnden Engagements keinen Anspruch auf Bürgergehalt haben werden? Geht es darum, kolumbianische Zustände zu erreichen – eine eher wilde Art der Umverteilung – und Arbeitsplätze im Justizvollzug zu schaffen? Merkwürdig: Wenn es um langfristige soziale Kosten geht, hören plötzlich die Ökonomen auf zu rechnen.

Die Frage der Finanzierbarkeit halte ich für zweitrangig, sie ist einzig und allein eine Frage der zu setzenden Prioritäten. Die Kassen sind nicht leer, wenn es darum geht, die Fiktion der Arbeit zu alimentieren, z.B. im Kohlebergbau, wo jeder Arbeitsplatz jährlich mit 120.000

Mark subventioniert wird. Die Kassen waren nicht leer für »Jäger 90«, der 30 Milliarden Mark gekostet hat, eine Staatsinvestition, die sich mit dem Argument begründen ließ, sie hätte 10.000 Arbeitsplätze gesichert. Wenn ich mich nicht verrechnet habe, hätte diese Summe aber auch 30.000 Arbeitslose zu Millionären machen können! Und daß die Staatskassen doch nicht mehr so voll sind, ist allein die Folge von politischen Entscheidungen. Automaten, die Arbeitnehmer, also Lohnsteuerzahler, ersetzen, werden nicht besteuert. Kein Anteil der durch die Wegrationalisierung von Arbeitsplätzen geschaffenen Gewinne wird umverteilt. Nicht das Geld fehlt, sondern die Bereitschaft, diese unvernünftige Situation zu ändern.

Vermutlich wird manch ein Leser denken, all diese Bemerkungen seien zwar sympathisch und irgendwie berechtigt, doch in der heutigen Situation ganz und gar nicht umsetzbar und daher irrelevant. Aber den Versuch, die Regierungspolitik durch mäßigere Vorschläge umzulenken, betrachte ich als genauso unrealistisch. Die rotgrüne Regierung hat bereits ausreichend ihre Tapferkeit und Reformbereitschaft unter Beweis gestellt.

Gefragt sind keine Reformtröpfchen auf den heißen Stein der Wirtschaftspolitik, sondern einerseits praktische Initiativen von den Betroffenen selbst (und da wird keine Tagung von Spezialisten helfen) und andererseits ein gesamtkulturelles Umdenken. Wir werden schon etwas erreicht haben, wenn dem Propagandaapparat der Ökonomie öffentlich mit einer allgemeinen Mißtrauenserklärung begegnet wird.

Daran arbeiten die Glücklichen Arbeitslosen.

Guillaume Paoli
April 1999

Glotz nicht so

Das fehlte noch: Jetzt ist dem *müßiggangster* die seltsame Ehre zuteil geworden, zu seiner aufmerksamen Leserschaft einen ehemaligen SPD-Bundesgeschäftsführer, Staatssekretär und Gründungsrektor der Uni Erfurt zu zählen, nämlich Peter Glotz. Das haben wir aus seinem jüngsten Buch erfahren (»Die beschleunigte Gesellschaft. Kulturkämpfe im digitalen Kapitalismus«, München 1999). Worum geht es da? Nicht mehr um ökonomisch motivierte Klassenkämpfe, welche, laut Glotz, zur Vergangenheit des Industrialismus gehören, sondern um »erbitterte, sozusagen ›ganzheitliche‹ Auseinandersetzungen um die Lebensführung.«

Die Gesellschaft sei gerade dabei, sich zu entzweien. Auf der einen Seite mobilisierten sich zwei Drittel enthusiastisch oder zumindest realistisch für das neue, flexible und beschleunigte Leben des Turbokapitalismus. Als Generalstab gelte die Berufsgruppe der »Symbolanalytiker« (gemeint sind die Arbeitstiere der »new economy«). Auf der anderen Seite aber formiere sich das dritte Drittel in eine »neue Unterklasse«, die »sich aus ausgegrenzten Arbeitslosen und bewußten Verweigerern zusammensetzt.« Weder Handlungen noch Dauer dieser Kulturkämpfe seien derzeit »genau kalkulierbar«, nur sei eines sicher: Sie werden heftig sein!

Über die »neue Unterklasse« schreibt Glotz: »Noch ist das dritte Drittel erst in Entstehung, also nicht formiert. Ihr Marx und ihr Engels sind noch nicht aufgetreten. Wir stehen noch bei den Frühsozialisten. Als neuen ›Bund der Kommunisten‹ könnte man die ›glücklichen Arbeitslosen‹ werten, die neuerdings immer mehr von

183

sich reden machen.« Hört, hört! Als neuer Bund der Kommunisten brauchen wir uns keine Sorgen über unsere Zukunft machen. Es wird schon was daraus werden. Ob wir unbedingt einen Marx brauchen, darüber kann man streiten, doch ein Engels, der uns lebenslang finanzieren würde, wäre schon nicht schlecht.

»Ihr Verbandsorgan heißt *müßiggangster* und bezeichnet sich als ›Kontemplationsblatt‹. Aus diesen Texten kann man ersehen, welche kulturellen Konflikte auf die Wissensgesellschaft zukommen (…) Daraus entwickelt sich eine schneidende Kritik am Lebensstil der Symbolanalytiker. (…) Eine verrückte Splittergruppe? Heute vielleicht schon. Aber selbst heute stehen die ›glücklichen Arbeitslosen‹ nicht allein.« In einem Vortrag beim Siemens Forum in Berlin versicherte Glotz: »Die neue Ideologie greift um sich wie ein Ölfleck.« Wir »Zeitgauner« hätten gar einzelne Bundestagsabgeordnete infiziert, die der Meinung seien, wir würden von »einer Horde arbeitswütiger Narren« regiert werden.

Aus dieser beschönigenden Darstellung sollte man jedoch nicht allzu schnell folgern, daß wir nun Sympathisanten in den Chefetagen der SPD hätten. Denn schon im Vorwort hatte Glotz seine Meinung klargestellt: »Ich bemühe mich, diese krampfartigen Kulturkämpfe fair und unparteiisch darzustellen, mache aber keinen Hehl daraus, daß meine Sympathie eher den Beschleunigern als den Entschleunigern gehört. Das liegt nicht nur daran, daß ich selbst schnell gelebt und mich oft verändert habe; das Gejammer unserer Mittelschichten über ›Streß‹ und ihr Unwille, früh aufzustehen, gehen mir schon seit vielen Jahren auf die Nerven. Wichtiger ist: Ich kämpfe nicht gern gegen Windmühlenflügel.« Windmühlenflügel scheinen hier unpassend zu sein. Es hieße denn, die vom globalisierten Markt verursachten Schäden und Missetaten seien reine Einbildung. Was ist harmloser als eine Windmühle? Und doch sagt Glotz selber, daß der Turbokapitalismus »gele-

184

gentlich wie ein gottverdammter SA-Sturm« marschiert, »bis alles in Scherben fällt«. Da er nichtsdestotrotz Sympathie für ihn hegt, erklärt er weiter: »Es entsteht ein tiefgehend veränderter Kommunikations- und Wirtschaftsstil. Diese Entwicklung ist unaufhaltsam. Zwar war ich nie das, was man in meiner Jugend mit dummem Stolz einen ›Marxisten‹ genannt hat. Ein Element der marxistischen Lehre habe ich aber immer für richtig gehalten: Es macht keinen Sinn, gegen ökonomische Gesetzlichkeiten anzugreinen.«

Da sind wir doch mitten im tatsächlichen Kulturkampf. Nicht die Be- und Entschleunigungsfloskel ist die Frage, sondern die, ob man sich von ökonomischen, technologischen und sonstigen Pseudo-Gesetzlichkeiten entmutigen und entmündigen läßt oder nicht. Es stimmt schon, daß die schlimmste Seite des Marxismus, nämlich der ökonomische Determinismus, heute weltweit gesiegt hat. Möglicherweise war das die historische Aufgabe der Sozialdemokratie. Früher hieß es: »Macht bloß keine Revolution, die Ökonomie macht sie für euch«! Da heute keiner mehr von Revolution redet, wird gesagt: »Wir lassen keine Politik gegen die Wirtschaft machen« (auf solche Aussagen reagiert »die Wirtschaft« immer sehr positiv).

Dabei ist die Austragungsweise des Streits mit den Gegnern sehr artig geworden. Man merkt, daß Kommunikationstrainer um sich geschlagen haben. Wie bei seiner Bankfiliale wird der Kulturkämpfer höflich aufgenommen, sein Standpunkt wird fair und unparteiisch bewertet, ja ihm wird gar zum großen Teil recht gegeben, nur, egal worum die Diskussion geht, immer kommt das gleiche Schlußwort, eine freundliche Hand auf die Schulter: Leider, leider, diese Entwicklung ist unaufhaltsam. Danke für dieses Gespräch.

Wer sich davon nicht imponieren läßt, der wird sich der magischen Arithmetik der Zweidrittelgesellschaft beugen müssen. Neun Zehntel wären zu diktatorisch,

Fünfzig-Fünfzig zu chaotisch, aber zwei Drittel ist die demokratische Zahl schlechthin. Wer kann etwas gegen zwei Drittel sagen? Selbstverständlich weiß weder Glotz noch jemand anderes, wie viele sich tatsächlich für den digitalen Kapitalismus zuverlässig engagieren. Denn wie Stanislaw Jerzy Lec meinte: »Es ist schwer erkennbar, wer freiwillig mit dem Strom schwimmt.«

Mit sozio-ökonomischen Argumenten ist kein »Zweidrittelblock« zu begründen und selbst Glotz gibt zu, daß die eigentliche Macht »bei einem schmalen halben Prozent« liegt. Stützt man sich auf statistische Daten, kann man kaum bestreiten, daß Verlierer in der überwiegenden Mehrheit sind. Die labilen Lebensumstände einer wachsenden Mehrheit der Beschäftigten (sinkende Löhne, befristete Arbeitsverträge, Abbau jeglicher Schutzregulierung) unterscheiden sich kaum von der prekären Existenz der »Vernetzungsverlierer«. Eigentlich besteht der »harte Kern« der neuen Arbeitswelt aus Menschen, die stets zwischen ausbeutungsintensiven Jobs und Phasen der orientierungslosen Arbeitslosigkeit pendeln. Darum greift Glotz, trotz aller Vorliebe für »ökonomische Gesetzlichkeiten«, nicht auf objektiv meßbare Tatsachen, sondern auf subjektive Haltungen:

»Das Interessante ist nun, daß es den oberen Tausend und ihren Symbolanalytikern ziemlich problemlos gelingt, die Kernbelegschaften des reifen Industriekapitalismus bzw. des frühen digitalen Kapitalismus zu kooptieren, an sich zu binden.«

Würde Glotz über die Sklaverei im 19. Jahrhundert schreiben, dann würde er wahrscheinlich feststellen, daß die Großgrundbesitzer die Mehrheit ihrer Neger »ziemlich problemlos« an die Plantagen binden konnten – also wurde die Mehrheitsgesellschaft bloß von einer kleinen Schicht von Verweigerern gestört.

Ein gewöhnlicher Trick ist es auch, der Mainstream-Gesellschaft allgemeine Werte zuzuschreiben, die an sich als wünschenswert empfunden werden. »Deshalb plädiere ich dafür, Geistesgegenwart, Anpassungsfähigkeit, Reaktionsschnelligkeit, experimentelle Gesinnung und Beweglichkeit höher zu bewerten, als das auf dem europäischen Kontinent und vor allem in Deutschland üblich ist.« Doch über solche Qualitäten verfügen auch glückliche Arbeitslose. Es bedarf einiges an Geistesgegenwart und Reaktionsschnelligkeit, um den vom Arbeitsamt zugemuteten Jobs geschickt zu entkommen. Anpassungsfähigkeit ist gar unsere Hauptforderung: Die Gesellschaft sollte sich endlich damit abfinden, daß Vollbeschäftigung nicht mehr machbar ist und neue Lösungen jenseits der Arbeit dringend nötig sind. Experimentelle Gesinnung und Beweglichkeit sind gerade das, was Arbeitslosen verweigert wird. Versuchen Sie doch, Ihren Sachbearbeiter zu überreden, daß Sie sechs Monate reisen oder mit neuen Lebensformen experimentieren können!

Das Ungeheuerliche an der von Glotz vertretenen Weltanschauung ist, daß der Gesellschaft ein einheitliches Tempo zugemutet wird, einer Autobahn gleich, wo Mercedes-Fahrer sich stets über langsamere Fahrzeuge aufregen. Eine ganze Bevölkerung, die in die gleiche Richtung und im gleichen Schritt läuft: Dies wurde bislang für ein Merkmal totalitärer Systeme gehalten. Es wäre zum Beispiel töricht, einen allgemeinen Rhythmus der mittelalterlichen Gesellschaft feststellen zu wollen. Bauern richteten sich nach der zyklischen Zeit der Natur, Kloster und Hof folgten jeweils einer eigenen, fest geregelten Chronologie, und für die Händler entfaltete sich schon die kumulative Zeit des Kapitals.

Glotz' beschleunigte Windmühlenflügel hat Milan Kundera am besten charakterisiert: »Ein Mann geht auf der Straße. Plötzlich will er sich etwas ins Gedächtnis rufen, doch die Erinnerung versagt. In diesem Moment verlangsamt er automatisch seine Schritte. Umgekehrt beschleunigt jemand, der versucht, einen gerade erlebten schmerzlichen Vorfall zu vergessen, unbewußt seine

Gangart, als wollte er sich rasch von dem entfernen, was zeitlich noch nahe bei ihm liegt.« Aus diesem Beispiel zieht Kundera folgende Gleichung der existenziellen Mathematik: »Der Grad der Geschwindigkeit verhält sich direkt proportional zur Intensität des Vergessens.«

Darüber hat Glotz gewiß keine Zeit nachzudenken. Er gilt ja nicht als Nach-, sondern als Vordenker.

Guillaume Paoli
(Aus: *müßiggangster* Nr. 3, Sommer 2001)

Für die Entökonomisierung
des Alltags

Die Einladung, im Rahmen dieser Veranstaltung[*] zu sprechen, ist für mich eine Herausforderung. Das merkte ich bei der Vorbereitung dieses Vortrages, als ich gleich auf drei Schwierigkeiten stieß. Die erste Schwierigkeit: Das Leitmotiv der Reihe heißt »Der Süden der Welt«, mit Argentinien als Schwerpunkt. In diesem Bereich habe ich aber keine besondere Kompetenz vorzuweisen, in Argentinien war ich nie und im Süden der Welt nur wenig. Also ist die Gefahr groß, mich in Vorurteilen und abstrakten Verallgemeinerungen zu verfangen. So gern ich auch mit Gedanken spiele, ich versuche üblicherweise von der eigenen Erfahrung auszugehen, und damit bin ich schon bei der zweiten Schwierigkeit. Aus eigener Praxis unterrichtet, plädiere ich seit Jahren mit den Glücklichen Arbeitslosen für die Anerkennung und die angemessene Entlohnung der Nicht-Arbeit. Dafür wurde ich öfters dem Vorwurf ausgesetzt, einen elitären, gar zynischen, jedenfalls eurozentrischen Standpunkt zu vertreten, der keinen Rückbezug auf Ausbeutung und Armut des Südens nähme. Was dieses Thema betrifft, befinde ich mich sozusagen in der Defensive. Ich werde also einen ziemlich weiten Bogen schlagen müssen, um zum tatsächlichen Thema kommen zu können.

Es gibt noch ein drittes Problem, und mit dem möchte ich anfangen. Denn nicht nur bin ich selbst in diesem

[*] Vortrag, gehalten auf dem Kölner Festival »Theater der Welt« im Juni 2002.

Feld unzureichend qualifiziert, ich neige auch dazu, die Befähigung vieler Experten anzuzweifeln, uns ein wahrheitsgetreues Bild des Lebens in armen Ländern zu liefern. Nicht ohne Vorbehalt nehme ich manche kritische Berichte und politische Analysen auf, die, obgleich sie von afrikanischen oder südamerikanischen Akademikern stammen, ausgerechnet in der Sprache und dem Argumentationsmodus der *Monde Diplomatique* verfaßt sind. Da muß ich immer denken, daß ich mit jemandem zu tun habe, der eben dem akademischen Umfeld angehört, also einer (besonders in armen Ländern) abgeschotteten und protegierten Minderheit, die den Fachkollegen im Norden näher steht, als den Landsleuten, die in Elendsvierteln leben. Der Verlauf mancher Nord-Süd-Diskussionen kommt einem Ritual der gegenseitigen Bestätigung gleich, in dem das schlechte Gewissen des nördlichen Akademikers gegen das Anerkennungsbestreben des südlichen symbolisch getauscht wird. Das Ganze bleibt aber in dem dominanten Code verfangen.

Mit dieser Bemerkung will ich keine anti-intellektuelle Keule zücken, noch möchte ich einen Klassenvorwurf nach bolschewistischer Art erheben. Aber der Import westlicher Ideologie in die sogenannte dritte Welt hatte bereits schlimme Konsequenzen. Man denke nur an den Entwicklungsmythos. Jahrzehntelang wurde ehemaligen Kolonien weisgemacht, sie stünden mit den Industrieländern auf einer gemeinsamen Treppe, bloß einige Stufen tiefer, und daß sie, vorausgesetzt sie seien fleißig und fügsam genug, allmählich hinaufsteigen könnten. Dieser Glaube wurde von den einheimischen Eliten aus der Metropole, wo sie studiert hatten, zurückgebracht und im eigenen Volk verbreitet, manchmal mit den bestgemeinten Absichten. Nicht selten waren es ja Marxisten, die das Prinzip Ökonomie als allgemeingültige Wissenschaft in Ländern einführten, die bislang in ganz anderen Traditionen und Vorstellungen gelebt hatten.

190

Das ökonomische Entwicklungsmodell war die Begleit-
ideologie des Neokolonialismus, der Vorwand für die
Vernichtung lokaler Tauschverhältnisse zugunsten von
Weltmarktdominanz. Heute, nach Jahren der kontinu-
ierlichen Zerstörung und strukturellen Verarmung,
wagt sich kaum noch jemand, von »Entwicklungsländern« zu sprechen. Es ist eh nicht mehr nötig.

Meine Befürchtung ist, daß die heutige Neoliberalismus-
Kritik eine ähnliche Bahn einschlagen wird. Es ist schon
bedenklich, wie häufig sich Globalisierungsgegner und
-befürworter derselben Denkkategorien bedienen. Es
scheint, als ob Begriffe wie Markt, Geld oder Ware
Selbstverständlichkeiten wären, die nicht mehr hinter-
fragt zu werden bräuchten. Schlimmer noch: Der Ein-
heitswelt der Ware wird ein theoretisches Einheitsbild
gegenübergestellt, das genauso vereinfachend, verein-
nahmend, ja globalisierend zu werden droht, wie der
darin kritisierte Prozeß. Eine Karikatur davon liefert
»Empire«, das Neue Testament der verwaisten Weltlin-
ken[*]. Für die Professoren Negri und Hardt bildet die
Deterritorialisierung der Macht eine »tatsächliche Bedingung der Befreiung«. Wie die *global players* betrachten sie kulturelle und lokale Identitäten als Überbleib-
sel, deren Vernichtung lobenswert ist. Je einheitlicher
die Menge wird, meinen sie, desto größer die Chancen
einer politischen Kontrolle der weltweiten Austausch-
verhältnisse. Diese mechanistische Fortschrittslehre
kulminiert in dem Satz: »Der Globalisierung muß mit
Gegen-Globalisierung begegnet werden, dem Empire mit
einem Gegen-Empire.«
 Eine solche imperiale Vorstellung ist typisch für die
abstrakte und arrogante Denkweise, die politische Ideo-
logen aller Couleur mit dem tatsächlichen Fortgang des

* Für eine ausführliche Kritik vgl. Anselm Jappe, »Des Prole-
tariats neue Kleider«, in *Krisis* Nr. 25, Bad Honnef 2002.

Kapitals verbindet. Dagegen möchte ich Naima Benabdelali, eine marokkanische Wirtschaftshistorikerin,
zitieren:»Die Denkmethode des Westens besteht in Aus-
lichten und Ausschneiden. Sie ist eine herbstliche Ana-
lyse: Sie vergeistigt, sie entblößt und entblättert, um an
die wesentliche Struktur zu gelangen. Erst vor dem
kahlen Stamm glaubt sie, das Wesen eines Volkes zu
erblicken. Womöglich ist aber eher der eigentliche Sinn
des Baumes sein Laub.« (N. Benabdelali, »Le don et
l'anti-économique dans la societé arabo-musulmane«,
Casablanca 1999)

Sowohl auf die Theorie als auch auf die Praxis hat
Kapitalismus eine austrocknende Wirkung. Aber die
ideologische Brille einmal abgesetzt, mag – selbst heute
– die Welt buntgescheckt, üppig, ja frühlingshaft aussehen. Überall versuchen Menschen, sich aus Bruch-
stücken der eigenen Tradition, greifbaren Elementen
der technologischen Modernität, gemischten Wünschen
nach Veränderung und Erhaltung einen eigenen Lebensweg zu bahnen. Theoretiker sollten damit anfangen,
solchen Versuchen Aufmerksamkeit zu schenken, ehe
sie verallgemeinernde Modelle anwenden. Statt abstrakten Universalismus, diesen Schrittmacher der Globalisierung, erneut aufzuwärmen, wäre eher konkreter
Pluriversalismus vonnöten.

In diesem Sinne möchte ich nun eine periphere Geschichte erzählen. Um ein bißchen mehr über Argentinien zu erfahren, habe ich mich im Internet kundig
gemacht. So bin ich auf die aufschlußreiche Domäne der
»Piqueteros« gestoßen – es sind politisch aktive Arbeitslose, die mit Straßenblockaden protestieren – und dort
fand ich den Bericht eines gewissen Francisco José Pestanha, der eine nicht repräsentative, doch wissenswerte
Facette der argentinischen Gegenwart zeigt[*]: »Vor kur-

* F. J. Pesthana, El Trueque: ¿simple estrategia de superviven-
cia o génesis de un nuevo orden social?, www.piketes.org.ar

192

zem, als ich ein Weilchen vor der Unruhe meiner Mitbürger fliehen wollte, ging ich auf Reisen in einen abgelegenen Teil des argentinischen Patagoniens. Dort konnte ich ein äußerst interessantes Experiment beobachten und stellte fest, daß es viele Landsleute gibt, die trotz der tiefen ökonomischen, ethischen und symbolischen Krise, in der unser Land steckt, sich um den Wiederaufbau eines individuellen und kollektiven Lebenswegs bemühen.« Gemeint ist ein Netzwerk des Tauschhandels, an dem sich in den Provinzen Rio Negro und Chubut mehr als 40% der Bevölkerung beteiligen. Die Dörfler schließen sich in sogenannten »nodos« zusammen. Diese ähneln Marktplätzen, wo Einzelne oder Familien verschiedene Produkte, Leistungen und Gefallen anbieten und unter festgesetzten Regeln ohne Geld austauschen. Es gebe zur Zeit mehr als 5000 solcher »nodos«. Laut Pestanha erlebe dadurch die Region eine Art Aufschwung. Die Notwendigkeit, Schulden auszugleichen habe den Einfallsreichtum stimuliert, viele Erzeugnisse seien aufgetaucht, die es früher nicht gab. Doch mehr als das kleine Wirtschaftswunder scheint den Autor die soziale Komponente des Phänomens beeindruckt zu haben. Um den Tauschhandel effektiv organisieren zu können, sind kollektive Vereinbarungen nötig, Wertmaßstäbe und Verhaltensregeln müssen abgestimmt werden. Durch diese normative Aktivität seien neuartige soziale Bande und ethische Regeln entstanden. Auf Gleichberechtigung und Vertrauen würde besonders Wert gelegt. Es würden sowohl Verantwortung als auch unangenehme Tätigkeiten nach dem Rotationsprinzip übernommen usw. Von diesen Erlebnissen angeregt, fragt sich Pestanha gar, ob das, was gewiß als bloße Überlebensstrategie entstand, nicht die embryonale Form einer neuen gesellschaftlichen Ordnung in sich bergen könnte.

Auf eine solche Spekulation werde ich mich nicht einlassen. Zumindest unter den bestehenden Zuständen

193

können Experimente dieser Art nur marginal bleiben, und freilich würde ihre hypothetische Verbreitung mehr Fragen als Lösungen mit sich bringen. Diese kleine Geschichte habe ich deswegen erwähnt, weil sie einige Vermutungen zu bestätigen scheint, nicht zuletzt die bekannte These von Marx, wonach die wesentliche Produktion der Menschen, nicht eine bestimmte Anzahl von Gegenständen, sondern die Produktion ihrer gesellschaftlichen Verhältnisse selbst sei. Sobald Menschen sich freiwillig oder unfreiwillig außerhalb der Marktzwänge bewegen, treten nicht-ökonomische Parameter und Werte in den Vordergrund. Ihre Beziehungen, ihre Tätigkeiten werden nicht mehr von der abstrakten Logik des Geldes vorbestimmt, also müssen sie konkretisiert und zunächst neudefiniert werden und dieser Moment der Kommunikation wird zum Hauptaspekt des ganzen Geschehens.

Ein Satz Pestanhas ist mir besonders aufgefallen: »Denken Sie daran, daß dieses System sich im Grunde auf das Einhalten des Ehrenwortes stützt.« Dies ist in der Tat für die freien Konsumenten der freien Marktwirtschaft ein kaum vorstellbarer Gedanke. Das Einhalten des Ehrenwortes! Allein die Vokabel erinnert an germanische Sagen und barbarische Sitten. Hinter dieser Begriffsanwendung werden aufgeklärte Linke gewiß rechtsradikale Tendenzen wittern! Wer redet noch von Ehre hier, außer Skinhead-Kameradschaften? In der sich auf Habgier und Betrug stützenden Marktgesellschaft ist bekanntlich der Ehrliche der Dumme.

Tauschsysteme sind immer Vertrauenssysteme gewesen. Im Tausch, und nicht in der Produktion, spielt sich der wesentliche und gefährlichste Teil der Zwischenmenschlichkeit ab. Folgerichtig wurde der kapitalistische Handel als Entfremdung des Vertrauens charakterisiert, indem nicht mehr das Ehrenwort, sondern eine personenunabhängige Institution für das Einhalten des Versprechens bürgt. Banken sind Institute des exilier-

194

ten Vertrauens – man denke nur an die Herkunft von
Kredit, Schulden oder Treuhand, man denke an die
Dollardevise: »In God we trust, all the others pay cash.«
Gerade in diesem Zusammenhang bezieht sich das pata-
gonische Tauschhandelsexperiment kontrapunktisch auf
den Aufstand des argentinischen Mittelstandes. Die
massive Empörung der Kontenbesitzer, als ihre Ersparnisse ohne Vorwarnung eingefroren wurden, war eine
Empörung des verletzten Vertrauens, die schmerzhafte
Bestätigung, daß das Ehrenwort eines Bankiers wertlos
ist. Und da diese Krise offensichtlich kein Nebenum-
stand, sondern die logische Folge einer allgemeinen
Entwicklung war, dehnte sich das öffentliche Mißtrauen
auf die gesamte politische Klasse des Landes aus. Erstaunlich ist nicht, daß ein solcher Aufstand ausbrach,
erstaunlich ist nur, daß in der übrigen Welt Tag für Tag
einer Institution Vertrauen geschenkt wird, die im Ge-
genzug teure Rechnungen stellt.

Mir ist bewußt, daß im satten, blasierten Europa
Tauschhandelsgeschichten nur schlecht ankommen. Sie
rufen frühchristliche Sitten und kollektivistische Moral
wach, sind also mit dem allgegenwärtigen Nihilismus,
der sich für Individualismus ausgeben will, nicht kom-
patibel. Außerdem würden sie unseren hoch entwickel-
ten Bedürfnissen keine glaubhafte Chance offerieren.
Man beschaue sich nur die Tauschringe in Deutschland,
wo gelangweilte Hausfrauen Yogakurse gegen selbst-
gemachte Pralinen anbieten. Zumindest wird solchen
Experimenten Eskapismus vorgeworfen, sie suchten ihr
Heil außerhalb der Gesellschaft, anstatt nach realistischen Möglichkeiten und immanenten Alternativen zu
streben. Schließlich bringt eine Krise immer auch neue
Chancen mit sich.

Unlängst war in der Internetzeitschrift Telepolis eine
hoch exemplarische Nachricht zu lesen, mit dem amü-
santen Titel: »Argentinische Straßenräuber in der Krise.« Da wurde erzählt, daß mit der finanziellen Pleite

des Landes selbst Kleinkriminelle beinahe arbeitslos geworden wären. Bislang war eine beliebte Geldbeschaffungsmaßnahme gewesen, Passanten zu überfallen und zu zwingen, Banknoten am Automaten abzuheben. Nun sind die Bankkonten eingefroren, die Geldautomaten leer und der Peso völlig entwertet. Das Gewerbe ist undankbar geworden, also mußte sich die Branche eiligst umstellen. Darum zeigen zur Zeit sogenannte Blitzentführungen eine deutliche Zunahme. Eine wohlhabend aussehende Person wird ausgewählt, mit der Knarre genötigt, in ein gestohlenes Auto einzusteigen und ihre Familie per Mobiltelefon anzurufen. Das verlangte Lösegeld hält sich im realistischen Rahmen, notfalls werden auch Fernseher oder Videorecorder akzeptiert (da sind wir wieder beim Tauschhandel), die ganze Operation soll so schnell wie möglich erledigt werden, denn für den Entführten ist kein Versteck vorgesehen. Nun, Blitzentführungen sind keine neue Erfindung, in anderen Ländern Lateinamerikas sind sie schon längst gang und gäbe. Neuartig und überaus modern hingegen sind die dank dieser Situation blühenden Serviceunternehmen, die Vorbereitungskurse und Seminare für potentielle Gekidnappte anbieten. Dort lernt man sich entsprechend zu verhalten, Ruhe zu bewahren, die passenden Sätze zu verwenden und gar das Lösegeld herunterzuhandeln. Die eigene Entführung wird wie ein ganz normales Geschäft gemanagt, das so kompetent, schnell und günstig abgeschlossen werden soll. Einer dieser Kurse wird mit dem einleuchtenden Titel angeboten: »Das professionelle Opfer.«

Dieser Vorfall liefert das perfekte Sinnbild einer weltweiten Entwicklung, nämlich die Ausdehnung des ökonomischen Denkens auf sämtliche Aspekte des Lebens. Der integrierte Mittelstandsweltbürger darf nicht mehr seine bloßen acht Stunden malochen und dann Feierabend machen. Rund um die Uhr wird er dazu aufgefordert, »an sich selbst« zu arbeiten und Selbstbewußtsein durch integrale Vermarktung zu beweisen. Professionalität soll er nicht nur in seiner Arbeit, sondern ebenso bei seiner Ernährung und Wellness, seiner Affektbewältigung und seiner Gesundheit, seinen intimen Beziehungen und seiner Gruppenfähigkeit zeigen. Für all diese Eigenschaften gibt es einen jeweiligen Markt: Produkte, Programme und Projekte. Es war also höchste Zeit, den Opferstatus selbst in eine Arbeit zu verwandeln. Das Prinzip, das über das professionelle Opfer siegt, ist das positive Denken, die Ausmerzung der Negativität aus dem Bewußtsein. Demütigung und Wut werden unterdrückt, über die Ursachen der Gewalt wird nicht nachgedacht. Statt dessen wird die Aggression als eine weitere Herausforderung umgedeutet, sich möglichst schlau und cool zu zeigen. Wird trotz alledem ein Entführungsopfer umgebracht, dann sind sicherlich dessen persönliches Versagen und mangelnde Anpassungsfähigkeit verantwortlich. Hier zeigt sich wieder die ungeheure Fähigkeit des Kapitalismus, aus dem Schaden, den er selbst verursacht, neue Märkte zu erschließen. Hier zeigt sich außerdem, daß die doppelte Auslieferung des Warenmenschen (erst brutal als Beute, dann raffiniert als Kunde) als Zeichen, nicht der eigenen Machtlosigkeit, sondern der gesteigerten Individualität gelten darf. Von dem argentinischen Beispiel ausgehend, fällt einem die passende Definition leicht: Dienstleistung ist die Fortsetzung des Kidnappings mit anderen Mitteln. Es gibt aber einen Unterschied. Das Lösegeld kann man herunterhandeln, den Preis eines Opferkurses dagegen sicherlich nicht.

Doch zurück zur Entökonomisierung. Ein anderes Vorkommnis erzählte in einem Vortrag der russische Wirtschaftswissenschaftler Theodor Shanin[*]. Zwar befindet sich Rußland entschieden in der nordischen He-

[*] Theodor Shanin, »Informal economies and explory structures in contemporary Russia«, Moskau 1999.

misphäre, doch sozialwirtschaftlich gesehen hängt es
mehr mit dem Süden der Welt als mit Westeuropa oder
Nordamerika zusammen, was wieder die Relativität der
Nord/Süd-Gegenüberstellung zeigt.

Wie man weiß, brach in Rußland im August 1998 eine
akute Währungskrise aus, der Rubel wurde dramatisch
entwertet und wieder einmal zitterte die Welt vor dem
so oft beschworenen globalen Zusammenbruch. Kurz danach streifte Shanin durch die Dörfer der russischen
Provinz und sah, daß von dem angekündigten Schrecken
nichts zu spüren war. Die Märkte waren gut versorgt,
die Schulen und öffentlichen Einrichtungen funktionier-
ten, weder Strom noch Heizmaterial waren rationiert.
Alles sah so aus, als ob die Krise eine Medienerfindung
gewesen sei. Das war sie ganz gewiß nicht. Der Wäh-
rungszusammenbruch war ein realer Alptraum für städ-
tische Angestellte, die Ersparnisse oder Aktien besaßen
und deren Stelle in direkter Abhängigkeit vom Welt-
markt stand. Aber in Rußland ist diese Bevölkerungs-
gruppe in der Minderheit. In den Dörfern und abgelegenen Kleinstädten hingegen, wo die Mehrheit lebt, verfügen die Menschen über zu wenig Rubel, um deren
Entwertung deutlich zu spüren. Und vor allem: Weil es
nicht mehr möglich war, ausländische Waren zu impor-
tieren, gab es wieder eine Nachfrage für Binnenproduk-
te. Auf einmal war die unhaltbare Konkurrenz mit den
reichen Ländern ausgeschaltet, deswegen konnten lokale Produzenten gar eine zeitweilige Besserung erleben.

Nach diesem Fall könnte man also annehmen, Rußland teile sich in zwei parallele Welten, eine städtisch-
integrierte, die im Lichte steht, und eine ländlich-exzen-
trierte, die im Dunkel bleibt. Das offizielle Wirtschafts-
bild würde dann ungefähr so weit mit den realen Ver-
hältnissen übereinstimmen, wie einst die sowjetische
Propaganda. Nach langwierigen Feldanalysen schreibt
Shanin außerdem: »Wir haben festgestellt, daß die informelle Wirtschaft auf dem Land und in armen Stadtvier-

198

teln eine zunehmende Rolle spielt. Sollte man sich auf die Statistik und die analytischen Kriterien der formalen Wirtschaft verlassen, dann müßte ein Drittel der Russen, wenn nicht die Hälfte, am Verhungern sein. Es ist aber nicht so. Den Menschen geht es besser als von westlichen Experten angenommen. (...) Die Mehrheit der Russen lebt und überlebt, nicht außerhalb des Marktes, sondern außerhalb der offiziellen Definition des Marktes.«

Eine ähnliche Feststellung wurde übrigens auch von Ethnologen über Afrika gemacht[*]. Laut statistischer Berechnungen nach westlichen Kriterien, hätte die Mehrheit der Bevölkerung dort schon längst verhungern müssen. Es gibt aber eine weite Sphäre, die von Ökonomen nicht erfaßt werden kann, doch viel stabiler und effektiver zu sein scheint, als die offiziellen Einkommensquellen. Ich möchte betonen, daß ich dabei keineswegs eine karge Lebensweise und die traditionellen Bande der Familie und der Sippe idealisieren will. Ich meine nur, daß die ökonomische Sichtweise mit ihren offiziellen Definitionen ein Trugbild liefert, das die tatsächliche soziale Umwelt stets deformiert und mißverstanden läßt. Außerdem ist es gewiß lehrreicher, um sich eine Überwindung der Marktgesellschaft vorstellen zu können, solchen existierenden Strukturen Aufmerksamkeit zu schenken, als Luftschlösser zu konstruieren. Dabei erklärt sich Shanin selbst zu den Chancen einer solchen Überwindung eher pessimistisch. Niemand kann völlig vom Markt abgekoppelt leben. Russische Bauern, so autark sie auch sind, brauchen Strom, Benzin, Maschinen. Und vor allem, sie brauchen die Möglichkeit, den Tauschverkehr ungehindert am Laufen zu halten. Nicht von ungefähr erweisen sich alternative Strukturen vorerst in Krisensituationen erfolgreich, das

[*] Siehe Serge Latouche, »L'autre Afrique entre don et marché«, Paris 1998, (dtsch.: »Die Verwestlichung der Welt«, Ffm 1978.)

199

heißt, wenn die Macht momentan geschwächt ist. Zu-
dem hätten wir, wenn die Annahme stimmen würde,
eine Umwälzung der herrschenden Verhältnisse setze
Katastrophen voraus, Grund für Optimismus, denn aller
Wahrscheinlichkeit nach werden uns in der kommenden
Zeit Katastrophen nicht erspart bleiben.

Um bei der Gegenwart zu bleiben: Wenn die offizielle
Definition des Marktes, also heute die offizielle Definition des Weltgeschehens, die Mehrheit der Menschen
ausschließt, dann könnte es lehrreich sein, die Perspektive umzudrehen, und das Marginale, die Summe der
Nebensachen und Randerscheinungen, all die im Schatten stehenden Aktivitäten, als wesentlichen Teil des
gesellschaftlichen Lebens anzusehen. Das offizielle Zentrum bestünde nur aus kleinen Inseln und Streifen
intensiver Ausbeutung und Mehrwertschaffung. Von da
an sind zwei Szenarien vorstellbar: Entweder strebt die
Peripherie nach einer Ausweitung des Zentrums, oder
sie kommt zu sich selbst, begreift sich als Hauptschau-
platz des möglichen Geschehens und hört somit auf,
peripher zu sein.

Autoren, die sich mit dem sogenannten informellen
Sektor beschäftigen, berufen sich häufig auf Karl Pola-
nyis Vorstellung, die verselbständigte Ökonomie müsse
wieder in die soziale Ganzheit »eingebettet« werden[*].
Ebenso meinen Globalisierungskritiker, die Märkte
sollten durch politische Institutionen gegängelt werden,
oder wie es die Attac-Bewegung formuliert, die Ökonomie sollte »zu Diensten der Bürger« eingesetzt werden.

Das Problem ist, daß die verselbständigte Ökonomie
eine Sinnentleerung der Begriffe hervorgebracht hat, die
sie in Anspruch nimmt. Wir befinden uns in einer Welt
der totalen Abstraktion, wo die Wörter stets auf ihr
Gegenteil verweisen, und dies mit einer solchen Hart-
näckigkeit, daß eine Rückaneignung kaum möglich ist.

[*] K. Polanyi, »The Great Transformation«, Frankfurt 1978.

200

Um frei von der Marktlogik zu denken, müssen neue Begriffe entworfen werden. Denken Sie nur an die Assoziationen, die seit jeher mit dem Markt verbunden waren. Ein konkreter Markt war ein Ort der Vielfalt und des sinnlichen Genusses, es waren Farben, Schreie und Düfte, es waren vor allem Begegnungen. Dort bestand der Handel in einer persönlichen Beziehung, es konnte eben gehandelt werden. Und wer vom Händler betrogen wurde, der konnte wenigstens versuchen, sich zur Wehr und den Ruf des Marktschreiers aufs Spiel zu setzen. Am Rand des Marktes, das Geschäft ist bereits erledigt, trafen Menschen zusammen, sie tranken und diskutierten. Die Politik, als diese noch das Leben der Stadt zum Inhalt hatte, spielte sich auf dem Markt ab. In Rom war das Forum ein Marktplatz. Es gab aber auch etliche Tabus und Verbote, die den Marktverlauf gängelten. Es sieht ja so aus, als ob die Menschen damals schon geahnt hätten, mit welchen gefährlichen Kräften sie da zu tun hatten, und daß diese stets drohten, selbständig zu werden und gegen sie zurückzuschlagen. Was letztendlich geschah. Der Einheitsmarkt, der heute einen totalitären Anspruch auf das gesamte Weltgeschehen erhebt, hat sich längst allerlei konkreter Eigenschaften entledigt. Selbst die Märkte entschwinden aus der Marktgesellschaft. Statt dessen blühen Einkaufszentren, die überall dieselben Handelsketten beherbergen und deren standardisierte Produkte anbieten. Keine Vielfalt, kein sinnlicher Genuß, vor allem keine soziale Beziehung. Der Ausscheidung ähnlich will das Einkaufen so schnell, privat und stillschweigend wie es geht erledigt werden. Daher ist das *online shopping* die logische Vervollkommnung des abstrakten Marktes. Man braucht nicht mehr von Zuhause wegzugehen und vor allem nicht mehr mit anderen Menschen in Kontakt zu treten, um seine minimalistische Funktion zu erfüllen. Selbstverständlich ist dieser von modernen Autisten als bequem empfundener Zustand einer der völligen Auslieferung an Willkür und

Bestimmungsmacht der Händler. In »Das Kapital« konnte Marx noch schreiben: »Die Waren können nicht selbst zu Markte gehen und sich nicht selbst austauschen.« Jetzt können sie es.

Einer weiteren Sinnverdrehung fiel die Rationalisierung zum Opfer, jenes angeblich oberste Gesetz, wodurch alles und sein Gegenteil gerechtfertigt werden soll. Mit gediegener Brutalität wird im Deutschen das Wort nur noch mit dem Präfix »weg-« verwendet. Als ich einmal beim Ausflug im Grünen mit meiner Freundin einen Einheimischen fragte, ob in der Nähe eine Gaststätte zu finden sei, antwortete er finster: »Nee, allet wegrationalisiert hier!« So wird der Irrweg eines Begriffs verdeutlicht, der ursprünglich nichts weniger als die Entfaltung der Vernunft bedeuten sollte, sich jedoch als Vernichtung des Gemeinwohls verwirklicht hat. In Japan werden psychische und physische Überarbeitungsstörungen, die zuweilen bis zum Tod führen, unter dem Sammelbegriff *gourika–byou* erfaßt, das heißt wörtlich übersetzt: »Rationalisierungskrankheiten.« Nichtsdestotrotz ist es legitim, Rationalisierung weiterhin als Oberbegriff der Ökonomie zu verwenden, jedoch in rein psychoanalytischem Sinne, nämlich als »Rechtfertigung einer Tätigkeit, deren tatsächliche Motive nicht eingestanden werden.«

Nun können wir vielleicht langsam zum angekündigten Thema dieses Vortrages kommen, nämlich zu der Frage, ob Arbeitslosigkeit wirklich ein Problem sei. Mir ist schon bewußt, daß eine solche Fragestellung auf dem ersten Blick bloß als sinnlose Provokation aufgenommen wird. Schließlich sind alle, Regierungspolitiker wie Globalisierungsgegner, Soziologen wie Arbeitslosenverbände der festen Überzeugung, daß Arbeitslosigkeit, nicht nur ein, sondern das große Problem für die ganze Welt überhaupt sei. Seit einem Vierteljahrhundert wird diese Meinung tagtäglich eingebleut, eine ganze Generation ist mit der Angst im Mark aufgewachsen, irgendwann arbeitslos zu werden. In allen Ländern werden Politiker dank des Versprechens gewählt, Arbeitslosigkeit zu verringern, um beim nächsten Termin abgewählt zu werden, weil sie es nicht taten. Arbeitslosigkeit muß doch ein wichtiges Problem sein!

Und doch, wird auf die Frage mit ja geantwortet, dann werden gewisse Voraussetzungen postuliert, die alles andere als zweifelsfrei sind. Zum einen wird dann Arbeitslosigkeit (wie auf einem anderem Gebiet der Terrorismus), nicht als Symptom, sondern als Ursache angenommen. Sie wird als eine Art selbständiger Drache dargestellt, der ausgemerzt werden muß, koste es, was es wolle. Wenn wir aber erfahren, daß infolge von Chinas Beitritt in die Welthandelsorganisation geschätzte 200 Millionen chinesische Bauern (ja, wirklich 200 Millionen!) keine Überlebensmöglichkeit auf dem Land mehr haben werden und vorweg zum Vagabundieren und Betteln verurteilt sind, da darf man sich fragen, ob das Problem nicht Arbeitslosigkeit, sondern eher die Welthandelsorganisation sei.

Die zweite implizite Annahme ist, daß die Lösung des Problems in der Arbeitsbeschaffung liege. Doch, um beim chinesischen Beispiel zu bleiben, eine Eingliederung dieses 200 Millionen starken Überangebots auf dem modernisierten Arbeitsmarkt, abgesehen von der Frage, ob dies für die Betroffenen wünschenswert sei, ist schlichtweg unmöglich. Denn die Löhne sind zu niedrig, um den Binnenkonsum entsprechend zu steigern, und außerdem könnten weder Umwelt noch Ressourcen eine solche produktive Explosion vertragen. Sowohl im Süden als auch im Norden ist und bleibt Vollbeschäftigung eine Utopie.

Eine weitere Frage, der durch die einseitigen Betrachtungen der Arbeitslosigkeit ausgewichen wird, ist die der Geldlosigkeit. Angedeutet wird da, daß ein Hungerlohn besser als kein Lohn sei. Selbst wenn das Problem Arbeitslosigkeit beseitigt werden könnte, würde das

Problem Geldlosigkeit bestehen. An dieser Stelle kommen wir um die Definition der Arbeit nicht herum. Es ist nämlich ein Schwindel, in der aktuellen Debatte sich auf Arbeit im anthropologischen oder philosophischen Sinne zu beziehen. Die Erhaltung der Grundlage des Lebens, die Notwendigkeit, sich schöpferisch zu betätigen, der Wunsch nach sozialer Anerkennung, die Sicherung der Zukunft, der Aufstieg nach mehr Lebensqualität und Gesundheit, all das sind schöne und berechtigte existentielle Ziele; nur sind sie aber nicht mittels der herrschenden Form des Jobbings oder der intensiven Ausbeutung zu erreichen. Im Gegenteil. Wenn wir sagen, daß die Arbeit ausgeht, meinen wir nicht nur, daß immer mehr Menschen zwangsläufig arbeitslos werden, sondern auch, daß die Arbeit als anthropologische Kategorie – einmal abgesehen davon, ob wir die Gültigkeit einer solchen Kategorie anerkennen oder nicht – der realexistierenden Arbeitsgesellschaft längst abhanden gekommen ist.

Die Ursache davon erkannte selbst Wolfgang Reinger, CDU-Oberbürgermeister von Essen: »Seien wir ehrlich«, sagte er in einer Rede, »Vollbeschäftigung, wie wir sie einmal kannten, wird es in absehbarer Zukunft nicht mehr geben. (...) Steckt nicht eine ganze Menge an Wahrheit dahinter, wenn im Manifest der Glücklichen Arbeitslosen der Satz zu finden ist: ›Gerade weil Geld das Ziel der Arbeit ist und nicht ihr gesellschaftlicher Nutzen, existiert Arbeitslosigkeit‹.« (www.essen.de/Deutsch/Rathaus/Oberbuergermeister)

Mit anderen Worten: Nicht Arbeitslosigkeit ist das Problem, sondern daß Arbeit in der Weltmarktgesellschaft eine beliebige Ware ist. Es gibt sogar Menschen, die nicht erschrecken, wenn sie das Wort »Arbeitsmarkt« hören. Noch vor sechzig Jahren wagte sich Karl Polanyi nicht, die von ihm beschriebene »Warenfiktion« als vollendete Tatsache hinzustellen. Noch im Konjunktiv schrieb er:»Das System, das über die Arbeitskraft eines

204

Menschen verfügt, würde über die physische, psychologische und moralische Ganzheit ›Mensch‹ verfügen, der mit dem Etikett ›Arbeitskraft‹ versehen ist.« Sieht man die totale Mobilmachung der Energien, die den heutigen Angestellten zugemutet wird, kann man nicht mehr an der zerstörerischen Wirkung der Ware Arbeit zweifeln.

Schauen wir uns die bereits erwähnten Beispiele unter diesem Aspekt an. Die Bewohner Patagoniens, die durch Tauschhandel überleben, sind laut der offiziellen Definition trotz lebenssichernder Beschäftigung arbeitslos, sie verkaufen ihre Arbeitskraft nicht. Von den Kleinkriminellen, die Menschen gegen Lösegeld entführen, wird niemand behaupten, sie leisteten da eine ehrliche Arbeit. Dennoch tragen sie zum Aufschwung eines marktfähigen Dienstleistungsschwindels bei. Die Lage der von Shanin erwähnten Russen ist differenzierter, denn formell haben die meisten eine Arbeit, doch nicht diese sichert ihren Lebensunterhalt, sondern die Tätigkeiten, die sie außerhalb des Marktes ausüben. Angesichts all dieser Beispiele können wir André Gorz zustimmen, wenn er meint: »Die Sorge nach Alternativen zur Arbeitsgesellschaft ist kein Luxus dekadenter Intellektueller aus den reichen Ländern.« (André Gorz, »Arbeit zwischen Misere und Utopie«, Frankfurt 2000)

Unter diesen Umständen ist ein Nord-Süd-Dialog wohl vorstellbar. Es ginge darin um einen Vergleich der jeweiligen Situationen im Verhältnis zur abstrakten Warenwelt. Gewiß genießen wir, Bewohner des Nordens, relative Vorteile, die uns den Zugang zu den Ressourcen erleichtern. Selbst wenn nichts anderes ginge, könnten wir immer noch Supermärkte plündern, wie es in Argentinien geschah, das ja auch zu den reichen Ländern zählte. Das können Schwarzafrikaner nicht. Außerdem genießen wir mehr individuellen Spielraum in der Lebensgestaltung, während viele Bewohner des Südens den Entscheidungen der Familie oder der Sippe völlig ausgesetzt sind. Hingegen haben wir auch relative

Nachteile, vor allem die fortgeschrittene Atomisierung der Gesellschaft, die dem Einzelnen kaum Widerstandspotential übrig läßt. Protest in einer abstrakten Umwelt beschränkt sich meistens auf symbolische Handlungen. Einen Sinn für Alltagspraxis wie in armen Ländern üblich könnten wir gut gebrauchen. Wie auch immer, inmitten der allgemeinen Verwirrung ist mindestens eines sicher: Wenn jemals eine Rettung kommen sollte, dann nicht von professionellen Opfern, sondern von dilettantischen Tätern.

Guillaume Paoli
(Erstdruck in *Theater heute*
August-September 2002)

206

Schlußwort
Die Verwirrung läßt nicht nach

11. März 2002

Guten Tag Herr Paoli!

Ich bin eine Schülerin des St.-Ursula Gymnasiums der 10. Klasse.

Wir besprechen in unserem Politikunterricht gerade die Arbeitslosigkeit und haben dabei einen Artikel über Sie gelesen, also was Sie beruflich oder eher gesagt nicht beruflich tun. Nun hatten wir die Aufgabe oder eher gesagt konnten wir unsere Meinung über Sie äußern, halt ob Sie faul sind oder nicht. Darüber haben wir schließlich drei Politikstunden diskutiert, bis unser Lehrer sich damit abfand, daß wir wohl nie zu einem Ergebnis kommen würden.

Also ich hoffe, Sie nehmen es mir nicht übel, wenn ich Sie einfach ganz persönlich frage: Sind Sie faul oder nicht? Denn dem Artikel nach hab ich persönlich schon den Eindruck, allerdings waren einige meiner Mitschüler der Meinung, daß Sie mit ihrem Nichtstun einen ganz besonderen Zweck erfüllen möchten. Von wegen Revolution und so.

Also mich interessiert das wirklich sehr, ob Sie so hochintelligent sind, wie einige meinten, weil Sie ja ein ganz bestimmtes Schema in Ihrem Tun hätten oder ob Sie (wie ich und einige andere der Meinung sind) einfach nur faul sind und sich da gar nichts bestimmtes bei denken, also auf deutsch gesagt »einfach nur keinen Bock haben«.

Ich hoffe, Sie antworten mir

Gruß *Denise*

Aus der Reihe Critica Diabolis

Internet: http://www.txt.de/tiamat